改訂 生活支援のための

調理実習

田﨑裕美・百田裕子

編著

上杉智祥・大塚順子・奥田都子・河田 隆・倉田あゆ子
土橋典子・中川英子・奈良 環・古川和稔・古川繁子
増田啓子・松田佳奈・水野三千代

共著

建帛社
KENPAKUSHA

はじめに

　本書は，介護福祉士を目指す学生が，介護福祉士養成課程のカリキュラムにおいて，ICF（国際生活機能分類）に基づくアセスメントにより，利用者の身体状況や個別ニーズに合った食に関する生活支援を実践する能力を調理実習の視点から，習得することを目的としている。

　厚生労働省は，団塊の世代が75歳以上を迎える2025（令和7）年を目途に，住まい・生活支援・介護・医療・予防が一体となって，在宅を中心とする地域包括ケアシステムの構築を目指している。医療と介護予防の一体化では，健康寿命の延伸が目標となり，要介護や介護の重症化を招くフレイル予防のポイントは低栄養状態の改善にある。2006（平成18）年度介護報酬改定で介護保険施設から始まった栄養改善サービスが，2021（令和3）年度介護報酬改定では，介護保険施設における栄養ケア・マネジメント加算等の見直しが行われ，低栄養状態にある，または低栄養状態のおそれのある高齢者の栄養状態の改善を図る取り組みとして，強化加算（栄養改善加算）が新設され，基本サービスとして行うことになった。低栄養の予防や改善は，介護福祉士が医師や管理栄養士などの多職種と連携した食に関する生活支援と深く関係するものである。介護福祉士による高齢者・障害者への「調理支援」や「調理活動の支援」は，食生活から疾病の予防や改善を考えたり，自立支援を目指してQOLの向上を図る機会となることが改めて注目されているといえよう。

　高齢者には，60年以上に及ぶ長い生活歴があり，その人生の中で培ってきた食習慣や嗜好，価値観，食文化や生活環境がある。このことを理解し，尊重することが自己実現に向けた生活支援にとって重要であるとともに，要支援や要介護状態の要因となる障害や疾病について，個々の状況などをアセスメントしたうえで，栄養学，家政学，医学などに裏付けられたエビデンスに基づく食生活支援を行うことが求められる。

　介護現場に視点を移すと，「調理」に関する食生活支援は，在宅介護をはじめ，利用者用の調理施設を備えたグループホーム，ケアハウス，デイサービスやユニットケア方式の特別養護老人ホームなどで，日常の生活活動やレクリエーションとして，積極的に取り入れられている。

　しかし，介護福祉士養成校で学ぶ学生の多くは，調理経験が乏しく，食生活による自身の健康管理も不十分であり，知識や技術の個人差が大きい。このため，介護現場で高齢者・障害者の調理支援に必要な知識・技術を，基礎から専門的なレベルまで，体系的に学ぶ機会が必要不可欠である。

　本書では，生活経験の少ない学生を対象に，新カリキュラムで不足している調理支援に関する内容を基礎から応用まで体系的に構成し，専門職間連携の視

点から学べるように配慮している。

　全体を3部構成とし，第Ⅰ部「調理支援のための基礎知識」，第Ⅱ部「家庭生活と調理支援」，第Ⅲ部「調理支援」とした。第Ⅲ部は，調理の基本（理論編）から始まり，介護食の調理，調理の基本－和食の献立，洋食の献立，調理活動の支援，高齢者の疾病と調理，行事食・郷土食の献立，レクリエーション活動とおやつ作りなど，介護の現場に即した幅広い内容を網羅した。

　今回の改訂版で改めて見直したのは次の3点である。① 多職種連携の視点から，食生活支援に必要な知識・技術を取り入れたこと，② 介護福祉施設や在宅介護の現場に即した知識・技術を取り入れたこと，③「日本食品標準成分表2020年版（八訂）」及び「日本人の食事摂取基準（2020年版）」に基づいて，すべての調理の食材の分量と栄養価を見直したことなどである。

　本書においては，2010（平成22）年の初版から2020（令和2）年の第3版まで中川英子先生が編著者のお一人として務められていたが，宇都宮短期大学退職を機にご勇退され，本改訂版からは百田が編著者を引き受けることとなった。

　最後に，本書の継続的刊行にあたりご支援をいただいた方々に，執筆者一同，心から御礼を申し上げたい。

2023年3月

編著者　田﨑　裕美
　　　　百田　裕子

　各献立の栄養価計算は，栄養計算ソフトで実施されたものである。手計算でした場合の四捨五入の操作と栄養計算ソフトでした場合の四捨五入の操作は異なるために，わずかであるが，エネルギー値，各成分値の合計値に違いが生じることがある。栄養計算ソフトの数値がより正確な表示になっているといえる。

目　　次

はじめに………………………………………………………………………………… i

Ⅰ．調理支援のための基礎知識

1 調理支援のために心がけること………………………………………………… 2
1．生活支援における調理……………………………………………………… 2
（1）生活支援における調理（調理支援の可能性）——2
（2）調理支援の際の計画と評価——2
2．調理支援とレクリエーション…………………………………………… 3
（1）レクリエーションと食文化・調理活動——3
（2）調理活動のレクリエーション化——3
3．調理支援とリハビリテーション………………………………………… 5
（1）ICFと調理活動——5
（2）調理支援に必要なリハビリテーションの考え方——5
（3）調理活動と動作分析——5
4．調理支援と社会福祉援助技術…………………………………………… 7
（1）社会福祉援助技術と生活支援活動——7
（2）居宅における調理支援の事例から——7

Ⅱ．家庭生活と調理支援

2 調理支援と家計・家族・地域…………………………………………………… 10
1．家庭生活（家計）………………………………………………………… 10
（1）高齢者世帯の家計——10　　（2）家計状態から予算を考える——10
2．家族とのかかわりへの配慮……………………………………………… 12
（1）家族の絆と調理・共食——12　　（2）家庭の味への配慮——12
（3）家族の共食に向けての支援——12
3．家庭生活（地域）………………………………………………………… 13
（1）配食サービス——13
（2）地域で行われている配食サービスの良さ——14
（3）食に関する他のサービスと比較して——14

3 調理支援と物理的環境…………………………………………………………… 15
1．被服生活…………………………………………………………………… 15
（1）調理のための身支度——15　　（2）台所・食卓の繊維製品——16
2．住生活（台所設備と動線計画など）…………………………………… 16
（1）調理空間の構成——16　　（2）設備の工夫（福祉住環境整備）——17
3．食生活（調理器具と食器・食具の自助具）…………………………… 19
（1）調理作業に合わせた調理器具の自助具——19
（2）食器・食具の自助具——20

Ⅲ．調理支援

4 調理の基本………………………………………………………………………… 22
1．献立作成…………………………………………………………………… 22
2．食材の選択………………………………………………………………… 24
3．家庭での保存……………………………………………………………… 25
4．調理のための身支度と手洗い…………………………………………… 26
5．調理の準備と調理操作…………………………………………………… 27
（1）調理の準備——27　　（2）調理操作——29
（3）野菜類の洗い方——30　　（4）乾物の戻し方——30
（5）包丁を持ち方と食材の切り方——31　　（6）食材の下処理——32

（7）だしのとり方──33 　　　　　（8）緑色野菜の茹で方──34
（9）食材の計量──34 　　　　　　（10）調味料──35
6．配　　膳 ··· *35*
7．後片づけ ··· *37*
（1）残り物の保存──37 　　　　　（2）食器・調理器具の洗浄──37
（3）ごみ処理──38

┃5┃ 介護現場での食生活支援と調理 ······························· *39*
1．介護の場面での食生活支援と調理 ··································· *39*
（1）施設と在宅での調理活動の支援──40 （2）基本的な食事作りの援助過程──43
2．実際の調理支援にあたって ··· *44*
（1）訪問介護における「買い物」サービス──44
（2）調理支援のための「買い物」サービスのポイント──44
（3）調理中の注意──44
（4）調理器具の後片づけ，掃除──45

┃6┃ 介護食の調理 ··· *46*
1．介護食の調理とは ··· *46*
（1）介護食とは──46 　　　　　　（2）咀嚼障害・嚥下障害と介護食──47
（3）介護食の種類と調理方法──48
2．介護食における形態別調理の基本例：肉じゃが ··············· *51*

┃7┃ 調理の基本─和風の献立① ······························· *53*
（1）栄養価──53 　　　　　　　　（2）使用する食材の特徴──53
（3）時間配分の目安──54
（4）材料と作り方──55
　●米飯（めし）55／●ほうれんそうのおひたし　55／●塩ざけの焼き物とたまご焼き　56
　●具だくさんのみそ汁　57
（5）形態別調理──57
（6）高齢者が好む料理（応用編）──58
　●ぶりの鍋照り焼き　58／●茶碗蒸し　58

┃8┃ 調理の基本─和風の献立② ······························· *59*
（1）栄養価──59 　　　　　　　　（2）使用する食材の特徴──60
（3）時間配分の目安──60
（4）材料と作り方──61
　●軟　飯　61／●きんめだいの煮つけ　61／●野菜の炊き合わせ　62
　●豆腐とわかめのみそ汁　62／●りんごのシロップ煮　63
（5）形態別調理──63
　●わかめのゼリー　64
（6）高齢者が好む料理（応用編）──64
　●さばのみそ煮　64

┃9┃ 調理の基本─和風の献立③ ······························· *65*
（1）栄養価──65 　　　　　　　　（2）使用する食材の特徴──65
（3）時間配分の目安──66
（4）材料と作り方──67
　●親子丼　67／●きゅうりとわかめの酢の物　67／●麩と青菜の澄まし汁　68
（5）形態別調理──68
（6）高齢者が好む料理（応用編）──69
　●三色丼　69／●炊き込みご飯　70／●白和え　70

┃10┃ 洋風の献立 ·· *71*
（1）栄養価──71 　　　　　　　　（2）使用する食材の特徴──71
（3）時間配分の目安──72

（4）材料と作り方——73
　　●カレーライス　73／●トマトときゅうりのサラダ　74／●はるさめスープ　74
（5）形態別調理——75
　　●トマトゼリー　75／●かき玉スープ　76
（6）応用編——76
　　●クリームシチュー　76／●トマト煮　76

| | 11 | 調理活動の支援 | 77 |

1．在宅介護や施設介護における調理活動の支援 ················· 77
（1）調理活動の支援と介護福祉士——77　　（2）調理活動の支援の視点——77
2．障害別にみる調理活動の支援 ····································· 79
（1）認知症の場合——79　　　　　　　　（2）片麻痺の場合——79
（3）下肢の麻痺や不自由による車椅子使用の場合——80
（4）視覚に障害がある場合——80
3．調理活動の支援の進め方 ·· 81

| | 12 | 家庭にある食材を使って | 85 |

1．家庭にある食材と調理 ··· 85
2．材料と作り方 ··· 86
（1）使い残しの食品を使って——86
　　●かぶの葉とじゃこの炒め物　86／●巾着煮　87／●のりの佃煮　87
（2）捨ててしまう前に——88
　　●かつお節（削り節）のふりかけ　88／●にんじんとだいこんのきんぴら　88
（3）缶詰を使って——89
　　●おろし煮　89／●う巻き風　89

| | 13 | 高齢者の疾病と調理——エネルギーのコントロール | 90 |

1．高齢者の生活習慣病と調理 ·· 90
2．エネルギーコントロールが必要な疾病 ···························· 91
（1）適正エネルギー量に増加させることが必要な疾病——91
（2）適正エネルギー量に減少させることが必要な疾病——91
3．食事・調理計画 ··· 91
（1）エネルギーの調整方法——91
（2）糖尿病食事療法のための食品交換表——92
4．調理の実際 ·· 93
（1）バランスの良い献立の作成——93　　（2）1日の配分例——93
5．材料と作り方 ··· 96
　　●さけのオーブン焼き　96／●かぶのミルク煮　97

| | 14 | たんぱく質コントロール食の献立 | 98 |

1．たんぱく質摂取の注意点 ··· 98
（1）良質たんぱく質とは——98　　　　　（2）腎疾患——98
2．たんぱく質コントロール食の実際 ································· 99
（1）特殊食品とは——99
（2）1日の献立例と作り方——100
　　●たらと野菜の天ぷら　103／●切干しだいこんの煮物　104／●はくさいの甘酢漬　104

| | 15 | 塩分コントロール食の献立 | 105 |

1．生活習慣病と食塩の摂取 ··· 105
2．基本の献立 ·· 106
（1）栄養価——106
（2）材料と作り方——106
　　●八宝菜　106／●杏仁豆腐（杏仁霜が手に入らなければ牛奶豆腐）　107
　　●かき玉中華スープ　108

3．その他の料理‥‥‥‥‥‥‥‥‥‥‥‥‥‥‥‥‥‥‥‥‥‥‥‥‥‥‥‥‥‥‥‥‥‥‥‥‥‥‥ *108*
　　　●さけのカレームニエル　108
　　　●ブロッコリーとカリフラワーサラダのオーロラソースかけ　109
　　　●揚げだし豆腐　109

▌16▌ 脂質や無機質のコントロールと食物繊維の摂取‥‥‥‥‥‥‥‥‥‥‥‥‥‥‥‥‥‥ **110**
　1．脂質の調整（肥満，脂質異常症，動脈硬化症）‥‥‥‥‥‥‥‥‥‥‥‥‥‥‥‥‥ *110*
　　（1）脂質と生活習慣病——110
　2．無機質の調整（ナトリウム，カリウムは除く）‥‥‥‥‥‥‥‥‥‥‥‥‥‥‥‥‥ *111*
　　（1）カルシウムと骨粗鬆症——111　　　　（2）鉄不足と貧血症——111
　3．食物繊維の摂取と調理‥‥‥‥‥‥‥‥‥‥‥‥‥‥‥‥‥‥‥‥‥‥‥‥‥‥‥‥‥ *111*
　4．基本の献立‥‥‥‥‥‥‥‥‥‥‥‥‥‥‥‥‥‥‥‥‥‥‥‥‥‥‥‥‥‥‥‥‥‥‥ *112*
　　（1）栄養価——112
　　（2）材料と作り方——113
　　　●ハンバーグステーキ　113／●ハンバーグステーキの付け合せ　114
　　　●せん切り野菜のコンソメスープ　115／●グリーンサラダ　115
　　　●食パン（6枚切り1枚60ｇ）　115
　5．応用料理‥‥‥‥‥‥‥‥‥‥‥‥‥‥‥‥‥‥‥‥‥‥‥‥‥‥‥‥‥‥‥‥‥‥‥‥ *115*
　　　●鉄の補給—レバーにら炒め　115
　　　●カルシウム，鉄，食物繊維がとれる豆腐ひじきハンバーグ　116

▌17▌ 行事食・郷土食の献立‥‥‥‥‥‥‥‥‥‥‥‥‥‥‥‥‥‥‥‥‥‥‥‥‥‥‥‥‥ **117**
　1．利用者にとって行事食・郷土食とは‥‥‥‥‥‥‥‥‥‥‥‥‥‥‥‥‥‥‥‥‥‥ *117*
　2．行事食と生活習慣病・摂食機能障害‥‥‥‥‥‥‥‥‥‥‥‥‥‥‥‥‥‥‥‥‥‥ *118*
　3．四季の行事食‥‥‥‥‥‥‥‥‥‥‥‥‥‥‥‥‥‥‥‥‥‥‥‥‥‥‥‥‥‥‥‥‥ *119*
　　（1）正月料理——119
　　　●雑　煮　119／●くりきんとん　120／●だて巻　120／●煮しめ　121
　　　●結びかまぼこ　121
　　（2）ひな祭りの献立——122
　　　●ちらしずし　122／●こまつなのごま和え　123／●はまぐりの潮汁　123
　　（3）七夕の献立——124
　　　●七夕そうめん　124／●揚げなすと鶏団子の煮物　125
　　（4）クリスマスの献立——126
　　　●ロールパン　126／●ローストチキン　126
　　　●マッシュドポテトのサラダ，ブロッコリー・にんじん・しめじのソテー　127
　　　●せん切り野菜のコンソメスープ　127／●クリスマスケーキ果物添え　127

▌18▌ レクリエーション活動とおやつ作り‥‥‥‥‥‥‥‥‥‥‥‥‥‥‥‥‥‥‥‥‥‥ **128**
　1．計画と実施‥‥‥‥‥‥‥‥‥‥‥‥‥‥‥‥‥‥‥‥‥‥‥‥‥‥‥‥‥‥‥‥‥‥‥ *128*
　2．四季のおやつ‥‥‥‥‥‥‥‥‥‥‥‥‥‥‥‥‥‥‥‥‥‥‥‥‥‥‥‥‥‥‥‥‥ *128*
　　　●春のおやつ・どら焼き　130／●夏のおやつ・水ようかん　130
　　　●秋のおやつ・茶巾　131／●冬のおやつ・おやき　132

■文　　献‥‥‥‥‥‥‥‥‥‥‥‥‥‥‥‥‥‥‥‥‥‥‥‥‥‥‥‥‥‥‥‥‥‥‥‥‥‥ *133*

■索　　引‥‥‥‥‥‥‥‥‥‥‥‥‥‥‥‥‥‥‥‥‥‥‥‥‥‥‥‥‥‥‥‥‥‥‥‥‥‥ *134*

Ⅰ. 調理支援のための
の基礎知識

1 調理支援のために心がけること

1. 生活支援における調理

（1） 生活支援における調理（調理支援の可能性）

　ひとの生活は，性別や性格，価値観，それまでの生活歴や文化，習慣，こだわり，家族や地域など，さまざまな要因から形づくられている。このため，生活を支援するのは難しいと思いがちである。しかしながら，生活支援の現場では，利用者の生活の中に，個々に応じた自立支援や尊厳の保持のためのヒントや方法が多く存在している。

　利用者の「食」を調理から支援するということは，とりわけ個別の配慮が必要とされ，かなり難しいことではある。しかし利用者にとって，「食」が毎日のことであるからこそ，質を上げ，好きにしたいと思うのである。そこに主体である利用者の，心身の自立の可能性があるのではないだろうか。調理支援には，利用者のなにげない毎日の生活の質を向上させる可能性があり，支援の機会，支援の幅も非常に広いものである。また調理支援は，利用者のそれまでの生活を継続させ，家族や人間関係の中での役割の継続や生きがいにもつなげることができる。

1） 調理の支援（＝利用者に代わり調理をすること）

　利用者に代わり調理を行う場合，利用者の自己決定や参加ができる場面をつくることは重要なことである。また，実際に調理支援をする際は，利用者が主体であることに気を配り，利用者のそれまでの生活や，その周辺（家族），経済についてもよく知ったうえで支援を行うことが必要となってくる。

2） 調理活動の支援（＝利用者と共に調理すること）

　調理の活動を支援する際には，あらゆる場面で，利用者が決める，利用者ができる，つまり自己決定と参加ができる機会がある。そこでは，利用者の可能性や残存能力のほかに，これまで調理の経験がほとんどない利用者の潜在能力を引き出すことも可能である。そのために利用者の観察や支援の慎重な試みはもとより，他職種との連携などが必要になってくる。

（2） 調理支援の際の計画と評価

　支援を行うには，調理にかかわる科学的知識・技術（家政学）を身につけ，しっかりとしたアセスメントと適切な支援計画を立案し，実施した支援の評価が必要である。

1） 計画と実施

① 利用者自身

　利用者の心身の状態，基本的な情報のほかに日々の変化にも気を配ることで，利用者の状態を把握し，状況に応じた支援ができるように準備（計画）を行う。

② 環　境

　調理を行う場の確認，調理道具の確認，調理における安全の確認を行う。居宅における支

援の場合は，そこで暮らす利用者やその家族が普段も使用することを考え，使用場所や使用器具の確認を行う。また，調理器具が不十分な場合の技術，知恵（例えば，魚焼き器がない場合，フライパンで代替するなど）も必要になってくる。そのほか，安全のための換気や消火などの確認は，不可欠なことである。

　一方，施設などで調理を行う際には，利用者同士の組合せや配置の配慮とともに，調理にかかわらない，その他の利用者への配慮なども忘れてはならないことである。

2）　評　価（より良い支援につなげるために）

調理を行った評価については，「おいしかった」で終わりではなく，利用者の食べた量，食べ方，食べるときの姿勢，表情，発言などにも十分注意し，評価していくことが必要である。調理を一緒に行った場合にも，調理中の利用者の心身の状況をよく観察し，利用者が無理なく調理を行っているか，安全面での心配はないかなど細部にわたり観察し，評価する。そのほかに，居宅での支援の場合は，利用者の家族からの情報収集も可能な限り行い，それまでの生活を維持するための，改善ポイントについても検討する。

　また，調理時間や調理方法，コストの面での評価をすることで，利用者への支援の可能性はさらに広がり，家族や他職種との連携につなげることもできる。より良い支援に結びつけるためには，これらの評価も必要不可欠なものである。

2.　調理支援とレクリエーション

（1）　レクリエーションと食文化・調理活動

　人間は今日まで，食欲という本能を，単に生命維持欲求のためだけにとどめることなく，より高いレベルの欲求の充足「生きる喜び」を求め，食文化という形で創造発展させてきた。オランダ文化史家のJ・ホイジンガは，著書『ホモ・ルーデンス』で「文化は遊びの中で遊ばれるものとして生まれた」と述べている。食文化としての食生活は，自由で楽しく喜びのある心地よい遊びとして考えることもできる。食生活の調理活動は，「生きる喜びの追求」から「生きる力」の「再創造」とつながるレクリエーション活動として，代表的な活動の1つである。

（2）　調理活動のレクリエーション化

　調理活動は，献立作成，食材の選択，調理方法，料理盛りつけ演出，食事場所の演出があるが，これらの調理活動を，楽しく，喜び，心地よい，そして「生きる力」を「再創造」する活動とすることが，調理活動のレクリエーション化ということになる。

　以下，調理活動のレクリエーション化について，一連の調理活動からみていきたい。

1）　献立作成とレクリエーション

　レクリエーション活動としての調理活動は，「生きる喜び」を感じることができる活動でなくてはならない。そのためには，最初に調理の一連の活動をきちんと計画をすることが大切である。この活動が「献立作成」である。どんな「料理」にするか，ここから調理活動が始まる。過去の経験で得た知識・技術を生かし，新しい体験で知識・技術を獲得することのできる活動として，工夫し計画しなくてはならない。それを計画する「献立作成」は，心理学等で学

ぶマズローの段階欲求説的に知識・技術を生かす喜び活動であり，レジャー論的に知識・技術を得る喜び活動でもあり，レクリエーション活動である。

2）　食材の選択とレクリエーション

「献立」をもとに，「食材の選択」をする。まず，食材を選択するには，食品店に買い物に行くことから始まる。買い物活動は，外出の喜び，対人関係の刺激欲求の充足，食材選択・購入の喜びなどがあり，レクリエーション活動である。

3）　調理方法とレクリエーション

調理活動の中で「調理の方法」は，人間が料理をいかに満足して食するか，最も工夫し努力し，作り上げた文化的活動である。食材に対してさまざまな方法で手を加えることにより1つの食材が，さまざまな料理に変化し，私たちを喜ばせてくれる。食材には生のもの，加工したものがあるが，いずれも，それぞれに調理技術が必要である。その調理技術を使い，さまざまな調理方法で，思い通りの料理を作ることで，その料理を食する人に喜んでもらうことができる。これによって他人からの承認の評価を受けることになり，それがしいては，自己実現につながることになる。レクリエーション活動として適切な活動である。

4）　料理の盛りつけ演出とレクリエーション

調理活動の中で「料理の盛りつけ演出」は，「調理の方法」の次に大切である。時には最も大切な活動になることもある。なぜなら，体調によってさまざまな制限がある人にとっては，食の満足感を得る方法として大切な活動であるからである。料理は，味良く見た目もおいしそうに出来上がっても，盛りつけによって味も見た目も変わってしまう。最近では有名な料理店から出来立ての料理が販売されているが，料理店のプラスチック容器のまま食卓に出されているとするなら，その料理の価値が下がってしまう。このことはデパートやスーパーなどで購入してきたお惣菜などでも同じことがいえる。プリンやヨーグルトなどのデザートでも，市販のままの状態で出すのではなく，陶器でできている皿などに移し変え，少し果物を添えてデコレートすることにより，おいしいデザートに変化する。「料理の盛りつけ演出」は，喜びの追求活動であり，レクリエーション活動である。

5）　食事場所の演出とレクリエーション

最後に「食事場所の演出」は，調理活動の最後の活動であり，料理をどんな場所でどのように食するかは，調理活動の満足度を高める演出活動として重要な活動である。例えば，屋内における明るさの演出，室温の演出，音楽の演出などは，生活のレクリエーション化となる。

また，非日常的に定期的な屋外での食卓である野外調理，バーベキューなどの活動は，レクリエーションの生活化となる。「食事場所の演出」も，喜び追求活動であり，レクリエーション活動である。

以上のことから，人間の大きな欲求の1つである食欲の充足は，調理活動の一連の活動に大きく左右される。調理活動の目的や条件によって「楽しさ，喜び，心地よさ」が制限されるが，さまざまな工夫をすることにより制限を軽減し，食欲の充足に近づくことができる。調理活動は，レクリエーション活動の重要な1つとして大いに期待できる活動といえる。

3. 調理支援とリハビリテーション

（1） ICFと調理活動

　世界保健機関（WHO）が提唱する国際生活機能分類（International Classification of Functioning, Disability and Health：ICF）では，健康状態，生活機能，背景因子には，相互作用あるいは複合関係が存在すると考えられている。もう少し詳しく説明すると，生活機能には「心身機能・身体構造」，「活動」，「参加」の3要素が，背景因子には「環境因子」，「個人因子」の2要素があり，健康状態を含めた各要素間にはダイナミックな相互作用が存在する（図1－1）。

　ICFの概念で考えると，調理を単なる「活動・参加」としてとらえるのではなく，心身機能・身体構造，環境因子，個人因子，健康状態との相互関係の中で存在していると理解すべきである。すなわち，「調理」という活動を支援する場合，これらの各要素から課題を分析し，必要に応じて支援していくことが大切である。

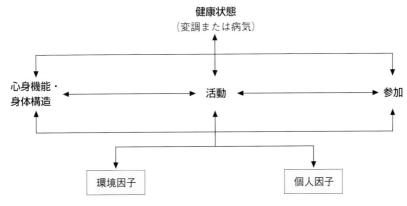

図1－1　ICFの構成要素間の相互作用

（2） 調理支援に必要なリハビリテーションの考え方

　近年，リハビリテーションという言葉はさまざまな場面で使われているが，その状況によってはあいまいな意味で使われていることも少なくない。本来，リハビリテーションとは，「人間らしく生きる権利の回復」を指しており，医学的な意味での「生きる権利」の回復はもちろんのこと，教育的な権利の回復，職業的な権利の回復，社会的な権利の回復など，「人間らしく生きる権利の回復」を広い概念でとらえている。

　調理は日常的に行われている家事の1つであるが，対象者が何らかの障害を抱え，その活動を阻害された場合には，包括的なリハビリテーションの支援が必要になる。本節では，何らかの障害を抱えた人に対する調理活動支援に焦点を当て，生活支援を行ううえで心がけるべきことについて医学的リハビリテーションの観点を中心に解説する。

（3） 調理活動と動作分析

　動作分析とは，人の行動を動作として分析することであり，人の行動の全体を「要素の動作」に分析すること，さらに（あるいは），その「要素の動作」を観察あるいは計測の方法を

図1−2 動作分析の階層性

〔細田多穂・柳澤 健編：『理学療法ハンドブック　改訂第4版』，協同医書出版，
p.258（2010）図3をもとに筆者作成〕

通して，定性的あるいは定量的に力学的（物理的），生理的（神経学的制御も含む），あるいは心理学的に分析することである[1]。動作分析の階層性について図1−2で示したが，理学療法士や作業療法士などのリハビリテーション専門職には，第2段階までの分析が求められる。生活支援の場面においては，支援者は少なくとも第1段階までの分析，すなわち，調理という活動を「洗う」，「切る」といった，個々の動作に分解して分析し，必要に応じた支援を行う能力が求められる。具体的には，日常生活活動評価（ADL評価）の段階で，「調理ができる，できない」ととらえるのではなく，「食材を洗うことはできるか」，「食材を切ることはできるか」といった，個々の動作レベルで評価していく必要がある。

　調理には，移動，立位バランス，巧緻的な動作など，体幹や四肢のさまざまな動作が複合的にかかわっている。これに加え，視覚や味覚，触覚といった感覚機能や，食材や調理機器の選択などの認知機能も多角的に求められる。このように考えると，調理活動には，実に高度で複合的な心身機能が必要であることがわかるだろう。

　人間の食生活を支える調理は，地域の特性や家族の嗜好，さらには健康などにも配慮しながら，食品の加工や味つけ，盛りつけなどがなされる活動で，作られた料理はもちろんのこと，調理の方法も非常に個別性に富んでいる。高橋[2]は，リハビリテーションの観点から，調理活動を以下の7つの作業工程に分類している。これは，図1−2で示した第2段階に相当し，支援者は，調理活動を作業工程ごとに分析し，必要に応じた支援を行っていく必要がある。

① 献立を考える　　② 食材や道具を準備する　　③ 食材を洗う　　④ 食材を切る
⑤ 加熱調理する　　⑥ 盛りつけ　　⑦ 片づける

　調理に対する生活支援を行う際には，アセスメントの段階でそれぞれの作業工程ごとに課題を抽出して支援していくことが大切である。

（1） 社会福祉援助技術と生活支援活動

　生活支援をするときに，「食べ物がない人に魚を与えるか，魚の釣り方を教えるか」という喩えがある。社会福祉援助技術を使用する専門家が生活支援をするというときには，「食べ物に困っている人に食べ物を与える」のではなく，「食べ物の採り方」や「食べ物の調理の仕方」，あるいは「食べることの工夫」や「食べ物に関する心理的・社会的・文化的・生理的・生活習慣的様式を教える」ことが大切になってくる。そういう意味では，生活支援とは，援助する側に食べることに関するあらゆる知識と技術がなければならない。食べることに関するあらゆる知識や技術がなければ，「食べる物のない人」に対して，安易に人は「食べ物を与えて」しまうからである。

　さらに，社会福祉援助技術の専門家の生活支援活動の根底には，生活支援を利用しようとする人に対して「平等な人権」意識や，その生活支援利用者がもっている本来の「生活機能」を"引き出す"意識がなくてはならない。それは，「価値・倫理」といわれるものである。生活支援利用者と専門職の間で何を大切にしなくてはならないかが「価値（例：本来その人がもっている生活機能を生かすことを大切にする等）」であり，その大切にしていかなければならないことのために，何をしなくてはいけないかが「倫理（例：その人ができることはしてもらう，あるいは見守る。援助者はその人が本来もっている生活機能を発揮できるように環境を整備していく等）」である。

　生活支援の専門家は，そのために価値規範や職業倫理としての倫理綱領をもっている。専門職として岐路に立たされたとき，価値規範や職業倫理に立ち返ることが重要である。そのとき，何物にも代えがたい使命感を取り戻すことができる。「価値・倫理」と「専門知識」と「専門技術」を備えて，はじめて生活支援専門家といえるのである。専門性の構造として，同心円に描かれることがあるが，中心に「価値・倫理」，次に「専門知識」，そして一番外側が「専門技術」の同心円である。それは，「熱いハート」「冷静な頭脳」「正確な技術」ともいわれている。ケースワークの母といわれているメアリー・リッチモンドは，「ソーシャル・ケース・ワークは人間と社会環境との間を個別に，意識的に調整することを通してパーソナリティを発達させる諸過程からなり立っている」[3]と，ソーシャル・ケースワークを定義したが，その著書全体からは，民主主義的な人間愛の価値を中心に据えたケースワーク実践が理解できる。

（2）居宅における調理支援の事例から

　Aさん88歳。この春亡くなった奥さんを，10年間在宅で介護していた。その後，長年の介護疲れのためか腰痛が悪化し，3か月ほど手術のため入院し，このたび退院となった。心なしか，以前より気力が失せ，退院してきてからは食事の用意も部屋の片づけもなおざりにしている。心配した近所の民生委員（奥さんの介護のときからお世話になっていた）が，Aさんを説得し，介護認定の申請およびケアマネジャーを通じてサービス利用に至った。現在，週3日ホームヘルパーが来て，食事の用意，部屋の掃除などを行っている。

　訪問しているヘルパーは，1日ボーっとただ座ってテレビを見て，出されたものを食べるA

さんを見ていた。時々「なすは油で炒めたものより，薄味の汁で煮たほうがおいしい」とか，「煮魚は，切り身でも，皮のほうにかくし包丁を入れたほうが煮汁がよくしみ込む」とか，「米の研ぎ汁は庭木にまいてほしい」というAさんの発言を聞いているうちに，Aさんはかなり，調理や家事に精通しているのではないかと感じはじめた。

　そこでヘルパーが，Aさんに「奥さんを在宅で10年間介護されていたということですが，調理もされていたんですか？」と聞いてみると，「食事を作るということは，楽しいことだ。昔戦争に行ったときは，ヤシの実から油をとって，タロイモのでんぷんでてんぷらを作って仲間に出したら，喜んでくれた。食事を作るということは，食べてくれる人がいると，はりあいがあるものだ」と答えが返ってきた。ヘルパーは事業所に戻り，主任に相談したところ，食事作りにAさんもかかわってもらう支援計画を立ててみたらどうかと助言［スーパービジョン］があった。

　早速，次週の訪問時，Aさんが食事作りにかかわる状況をつくる計画を立ててみた。何よりもAさん自身が食事作りをやりたいという気持ちが必要なこと，食事を作る体力や気力の有無や，腰痛の術後の経過は良好であるのか否かを知る必要があった。そこで，次週の3日間は，まずAさんにどの程度の調理（食事作り）への意欲があるか，術後の経過はどのようであるか，などをアセスメント［事前評価］しながら家事支援を行うことにした。

　アセスメントの結果，① 好きなものを作って誰かに食べさせたいという希望をもっている，② 今すぐには腰痛などもあり，一人ですべてを行うことはできないが，半年前までは，していたとのことであるので，体力の戻り次第では，必要な手伝いはしつつ，見守りながら，ある程度の調理をすることができるものと思われる，③ できることから，手伝ってもらいながら，調理してみる，という支援計画を立てることができた。特に，Aさんのお宅に伺うヘルパーは，いずれも，調理経験の豊富な人を選び，Aさんの調理してみたいという意欲を支え，見守ることのできることを条件とした。

　その結果，1か月を経過した現在，買物はヘルパーが，Aさんの希望を聞いたうえで行っている。カレーや筑前煮は，材料を切るのはヘルパー，煮込みや味つけはAさんがする。腰痛は完全に痛みが取れていないので，台所に簡単な丸椅子を置き，Aさんは，煮込む間は座っているように工夫をした。敬老の日に，奥さんの介護のときからかかわっていた民生委員の方が訪ねてきたので，出来上がった炊き込みご飯と煮物を食べてもらった。そのときの，Aさんの最近見られなかった満面の笑みを，ヘルパーは見逃さなかった。こんど，地域の給食サービスを提供しているセンターで，食事会が開かれることになっている。ヘルパーは，事業所の主任やヘルパーの仲間と相談して，Aさんに一品持ちよりで参加してもらおうと計画を立てている。Aさんの最高の笑みを見たいと事業所をあげての支援となった。

　上記事例では，しっかりしたアセスメント（情報収集や分析・援助目標の設定）と，援助計画を立案し，複数の専門職と情報を共有し，チームでかかわることでAさんの生活意欲が向上し，生活の質が改善された。調理援助によりAさんの生活者としての自立を支援していく視点が大切である。

Ⅱ．家庭生活と
調理支援

2 | 調理支援と家計・家族・地域

1. 家庭生活（家計）

　居宅で利用者の調理支援をする場合，調理にかかわる知識・技術の習得が不可欠なことはもちろんだが，調理支援の一環として行われる献立作成や食材の買い物に関する知識も必要になる。献立作成や食材の購入では，食品の選択は当然，利用者が決定する。しかし，利用者が献立作成や買い物に行くことができない場合は，支援者がその行為を代行することになる。その際，支援者は可能な限り利用者の意向を反映した献立を作成して，必要な食材を購入しなければならない。しかしながら，実際にスーパーなどに行くと，同じ食材でも複数の食材があり，値段にも大きな幅があることがわかる。このようなとき，考えなければならないのが，利用者の経済的状況である。

　以下，居宅で献立作成や買い物支援をする場合に必要な知識について，高齢者の家計，とりわけ収入と食料費の観点から考えてみたい。

（1）　高齢者世帯の家計

　高齢者世帯の家計の状況は，どのようなものなのであろうか。「国民生活基礎調査」（2021年）によると，高齢者世帯の年間平均所得金額は，332.9万円で，その内訳は，「公的年金・恩給」が62.3％，「稼働所得」が21.5％となっている。さらに「公的年金・恩給の総所得に占める割合が100％の世帯」が24.9％となっていて，高齢者世帯の約4分の1が収入を公的年金や恩給のみにたよって暮らしていることになる。一方，同調査で高齢者世帯の所得金額階級別の世帯数分布をみると，年間の所得金額が300〜400万円の高齢者世帯が13.4％と最も多い反面，高齢者世帯の平均所得以下の世帯は61.5％と，多くの高齢者世帯が平均所得以下で暮らしていることがわかる。また，夫婦高齢者無職世帯の家計を，総務省「家計調査」（2021年）により，可処分所得（いわゆる手取り収入）と消費支出の関係からみると，1か月当たり18,525円の赤字（不足分）となっている（図2−1）。

（2）　家計状態から予算を考える

　ここで，居宅の利用者が献立作成や買い物に参加できないという場合，訪問介護者等は自分の考えで献立を考え，冷蔵庫などに食材が全くない場合には，食材を買いに行かなければならない。その場合，およそどのくらいの予算を考えたらいいのであろうか。

　図2−2は，高齢者世帯の中でも特に厳しい単身無職世帯の家計収支（年平均1か月当たり）である。消費支出に対する食料費の割合を示したエンゲル係数は，27.4％で，金額は約3万6千円余りとなっている。これを単純に1日当たりでみると，約1,200円程度が食料に使えるお金ということになる。

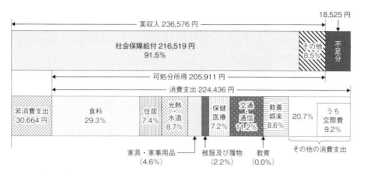

図 2 − 1　65 歳以上の夫婦のみ無職世帯（夫婦高齢者無職世帯）の家計収支（2021 年）

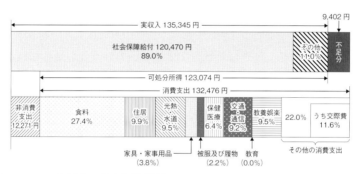

図 2 − 2　65 歳以上の単身無職世帯（高齢単身無職世帯）の家計収支（2021 年）

【図 2 − 1, 図 2 − 2】
注：1. 図中の「社会保障給付」および「その他」の割合（％）は，実収入に占める割合である。
　　2. 図中の「食料」から「その他の消費支出」の割合（％）は，消費支出に占める割合である。
　　3. 図中の「消費支出」のうち，他の世帯への贈答品やサービスの支出は，「その他の消費支出」の「うち交際費」に含まれている。
　　4. 図中の「不足分」とは，「実収入」から「消費支出」および「非消費支出」を差し引いた額である。
　　　　　　　　　　　　　　　　　　　　　　　　　　　　　〔総務省：『家計調査年報』，p.18（2021）〕

　さらに，居宅介護の現場に多い一人暮らしの高齢者無職世帯（女性・65 歳以上）の食料費（1 か月当たり）の内訳をみたものが，表 2 − 1 である。この表からすると，主食となる穀類（米，麺類，パンなど）で 1 日 100 円弱，主なたんぱく質源となる魚介類・肉類で 200 円程度（魚：肉類の購入費割合は，約 5：4）となっている。そのほか乳卵類で 80 円弱，野菜・海藻で約 190 円弱，果物で 90 円弱，嗜好品としては菓子類で 100 円程度等となっている。

　いうまでもなく，ここに示した金額は平均値である。個々の利用者の食生活のあり方については，あくまで利用者の選択や意向を反映すべきことは，前述の通りである。

　食は，人生の大きな楽しみの 1 つでもある。利用者のより良い食生活を目指した調理支援が望まれるのは当然のことであろう。

表 2 − 1　単身世帯（女）65 歳以上の食料費（1 か月当たり）　（円）

食料費	36,156		
穀類	2,877	油脂・調味料	1,915
魚介類	3,450	菓子類	3,077
肉類	2,711	調理食品	5,428
乳卵類	2,383	飲料	2,464
野菜・海藻	5,611	酒類	970
果物	2,639	外食	2,631

〔総務省「家計調査」，（2021）より作成〕

2. 家族とのかかわりへの配慮

（1） 家族の絆と調理・共食

　「食べる」という行為はあらゆる動物に共通するが，「料理すること」「共食をすること」は，人間を他の動物と区別する特徴であるという[1]。たしかに，食べやすく，おいしく調理するという行為は，食べる人への配慮や調理の知識・技術を必要とする点で，実に人間らしい活動といえる。また，共に食べるという行為は，食物の入手に苦労した時代においては貴重な食料を分かち合う親密な間柄の中で行われたことから，調理と共食は「家族」を単位に行われてきた営みともいえる。だからこそ，「同じ釜の飯を食う」ことは，家族に等しい仲間意識や団結力をもたらす行為でもあったのである。

　現代社会では外食産業の発達により調理や共食が家庭の外に拡大し，親も子も多忙な毎日の中で孤食も増え，「家庭の味」にさほど魅力を感じない若い世代も増えている。しかし外食サービスの乏しい時代に子ども期を過ごした高齢世代にとって，家庭に受け継がれた料理や家族そろって食事をすることへの思いは想像以上に強いものである。利用者が人間らしく生きることを支える生活支援においては，現在および過去の家族とのかかわりにも着目し，家庭の味やふるさとの味，家族と食卓を囲むことへの思いなど，利用者が大切にしているさまざまな思いに寄り添いながら調理支援を行うことが求められる。

（2） 家庭の味への配慮

　利用者にとって，それぞれの家庭の中でなれ親しんだ「家庭の味」というものがある。例えば「肉じゃが」であれば，じゃがいもは共通しても，牛肉を用いる家庭もあれば豚肉の家庭もあり，薄切り肉ばかりでなくひき肉を用いる家庭もある。牛薄切り肉の肉じゃがを見て，「あらびき肉のほうがおいしいのに」，「うちではたまねぎじゃなくて長ねぎだったなあ」などの会話を楽しむ中で，利用者の思い出話が披露されることも少なくない。ある利用者は大家族で育ち，子どもたちの肉の取り合いに困った母親の工夫で，豚のひき肉を使った肉じゃがが定番となり，「わが家の味」はひき肉でなければ出せないのだという。素材だけでなく，調味についても薄味か濃い味か，しょうゆで真っ黒でないと塩味がしないという人など，長年親しんだ味の好みもさまざまである。栄養士が管理する料理は健康面・栄養面で優れているが，利用者にとっては「わが家の味」や「お袋の味」の魅力も捨てがたい。健康への配慮はもちろん必要だが，「心の栄養」にも配慮するならば，利用者の希望に寄り添うために，表面だけに濃い味つけをしたり，汁物の量で塩分調節するなどの工夫を取り入れて，「家庭の味」への思いを尊重したい。

（3） 家族の共食に向けての支援

　家族同居の利用者に対しては，利用者と家族との関係にも配慮が欠かせない。糖尿病や高血圧症などの疾患がある場合，カロリー制限や塩分制限など食生活の制約が利用者の不満につながっていることも多い。介護食や治療食作りに苦労している家族に感謝の気持ちがあっても，利用者は家族への気兼ねは感じながらも自立を失いゆく不安から，現状への不満を八つ当たり的に家族に向けてしまいがちである。一方，家族は介護に時間と労力を奪われ，自分の生活を

犠牲にしているとの思いを抱いていることも少なくない。支援者は，利用者の不満や家族介護者の負担感をくみ，調理支援を通して家族関係を調整する役割を負っている。

　まず必要なのは，利用者の不満に耳を傾け，思うように食べたい気持ちを受容し尊重することである。そのうえで，どうしたら利用者の欲求をかなえることができるのかを一緒に考えていく。家族に代わって過剰摂取によるリスクを具体的に説明し，食事制限が必要な体の状態について自覚を促すことも必要である。家族へのねぎらいも忘れてはならない。また，家族と一緒に食卓を囲めないことや，自分だけ違うものを食べることについて，疎外感や孤独感を感じる利用者も少なくない。利用者一人の食生活をサポートすることにとどまらず，家族一緒に楽しめる塩分・カロリー控えめのヘルシーメニューを提案するなど，家族と共に快適に過ごすための支援を行っていくことも心がけたい。

3．家庭生活（地域）

　ここでは，調理支援と地域社会について考えたい。具体的には「食生活を地域社会で支える試み」について紹介していく。

　一人暮らしの高齢者が増加する中，食事作りは一連の作業を伴うものであり，自分一人では困難になってくるケースも多い。そうなると必要な栄養がとれなくなり，健康にも影響がでてしまう。そうした現状に，地域では食生活をさまざまな形で支える試みが行われている。

（1）　配食サービス

　食生活を地域で支える試みの代表的なものには，「配食サービス」があるだろう。配食サービスとは，手作りのお弁当を個々の家庭まで届けるサービスである。「地域高齢者の配食利用状況とその関連要因に関する調査研究」（2021 年）によれば，配食サービスを利用している人は 3.4％となっている。この配食サービスを利用している人に対して，コロナ禍での配食サービスの利用状況の変化について質問したところ，「利用頻度は変わらない」が最も多く 75.2％，「利用を開始した／利用頻度が増えた」が 13.2％となっている。配食サービスを利用している人は現時点では多くはないが，コロナ禍を経て，今後，利用が増加していく可能性もあるだろう。

　実際に地域で配食サービスを行っている事業者には，さまざまなものがある。その主なものをあげると，社会福祉協議会，高齢者福祉施設，農協，生協，NPO（Nonprofit Organization：非営利組織），弁当事業者等の民間企業などがある。現在，配食サービスは，介護保険法の第62 条の「条例で定めるところにより，市町村特別給付を行うことができる」という規定に基づき，要介護者・要支援者に対して行われていることが多い。

　「配食サービスを利用する地域在住高齢者の食生活に関する研究」（2019 年）では，配食サービスを利用している高齢者にその満足度を，「献立」「量」「味付け」「価格」「職員の対応」の5 つの点から質問している（表 2 - 2）。「とても満足」「やや満足」を合わせると，5 つすべての点で約 9 割の人が満足している。配食サービス利用者の満足度はかなり高いことがわかる。

表2-2　配食サービスに対する満足度

	とても満足	やや満足	やや不満	とても不満
献立	29.7%	59.4%	9.4%	―
量	48.4%	42.2%	9.4%	―
味付け	42.2%	50.0%	7.8%	―
価格	43.8%	45.3%	9.4%	―
職員の対応	87.5%	12.5%	―	―

注：「献立」と「価格」は記載なしが1名）
〔馬場保子・岡野茉那・山下久美子「配食サービスを利用する地域在住高齢者の食生活に関する研究」,
厚生の指標，第66巻第4号，（2019）を基に作成〕

（2）　地域で行われている配食サービスの良さ

　配食サービスは温かい食事を届けることで，不足しているエネルギー・栄養素を取り入れ，健康を維持することにつながる。民間企業により大規模に行われている配食サービスでは，地域の人々とのかかわりはほとんど期待できないが，これに対して地域で行われている配食サービスでは地域ボランティアが配達を担当することで，配達時に地域の人々とコミュニケーションがとれるという良い点がある。また，それは安否確認にもつながっている。手渡しを大切にし，「お変わりないですか？」，「前回のお弁当はいかがでしたか？」などの声かけを大切にしている団体は多い。お弁当により栄養がとれるだけでなく，孤独感を癒したり，貴重なふれあいの機会ともなっている。

　また，お弁当を作る際の食材の多くを，地域から仕入れるよう（地産地消）に心がけている団体もある。メニューにも，郷土料理を取り入れるなどの特徴がみられる。さらにお弁当を配達する際に，団体のニュースレターや会報なども一緒に届けているケースもある。内容は，高齢者が必要とするさまざまな情報であり，例えば食生活や健康に関するニュース，地域のイベント情報などである。お弁当のメニューや，その特徴を記したお便りを添える団体もある。外出の機会の少ない高齢者にとっては，重要な情報源になっているともいえるだろう。

（3）　食に関する他のサービスと比較して

　「買い物に行くことができない」や「一人で調理するのは難しい」などの理由から自炊ができなくなる高齢者も多いだろう。そうした場合に利用できるサービスには，配食サービスの他にも，「会食会での食事」「ホームヘルパーが訪問しての食事作り」がある。これらのサービスにはそれぞれメリットとデメリットがあるので，個々の要支援者・要介護者の状況や希望に応じて，最適なサービスを選択できるように支援したい。会食会は外出の機会ともなるし，参加者との会話を楽しみながら食事ができるという良い点があるが，新型コロナウイルス等の感染症拡大の状況により，実施が難しくなる場合もある。

　配食サービスや会食会という食を支える活動を行っている団体の多くは，財政基盤が弱かったり，ボランティアに頼って運営しているところも多い。食生活を地域全体で支えるだけでなく，地域のネットワーク作りにもつながっているこうした活動が，より安定的に行えるようにしていくことは今後の課題である。

3 | 調理支援と物理的環境

1. 被服生活

（1） 調理のための身支度

　被服の機能には，①身体の保護機能（衣服内気候を一定に保つ，汚れを付着させて身体を清潔に保つ，外部からの物理的・化学的衝撃を避けて外傷・火傷から守る，作業能率を上げるなど），②社会的機能（自己の所属する集団，職業，身分などを示す），そして，③審美的機能（自己表現，個性を表現する，自己を美しく見せたいなど）がある。

　調理するときの身支度は，化粧を控え，アクセサリーもつけない（時計・指輪もはずす）。マニュキアを落とし，爪を短く切る。マスクを着用する。そして，動きやすい衣服の上にエプロン，割烹着，白衣またはサロンエプロンをつけ，頭部には，三角巾，バンダナまたは手ぬぐいなどを被る。（図3－1参照）体幹部を覆うエプロンの役割は，汚れをその下の服につけない，調理することによる外傷・火傷などから身を守る，作業能率を上げると同時に，調理するものに不純物が入らないように衛生的に扱うことである。エプロンは，肩紐が肩からずり落ちない，安定性の良いデザインがよい。被り物は，髪の毛や頭部からの汚れが調理品に入るのを防ぐためのものであり，髪の毛が出ないように被るのが基本である（頭部は毛髪が密生し，皮脂腺が多いため，身体の中でも汚れやすい部位である）。靴は，甲まで覆う滑らない運動靴が安全である。いずれも常時洗濯をして，衛生管理をきちんとしたものを着用する。また，揚げ物をするときに前腕部の保護をしたり，長袖を着ていて手首の部分が邪魔になったりするときの調理用のアームカバーもある。

　調理するときに着用する衣服やエプロンなどの作業着は，火を扱うための安全性と衛生面から天然素材の綿100%または綿と化繊との混紡がよい。防炎加工をした製品，消火用の手ぬぐいなども販売されている。

　介護の現場における調理は利用者の調理を代行することが多いが，残存機能を生かして，またはリハビリテーションを兼ねて利用者の調理活動を支援することもある。専業主婦として長

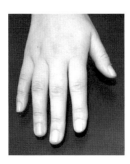

①髪の毛の短い人は，前髪がでないようにして後ろで両端を結ぶ。

②髪の毛の長い人は，髪の毛を束ねる。前髪を出ないようにして，後ろで三角巾の直角部分の上で結ぶ。結び目にはみ出た部分を入れる。

直角部分

はさみ込む

図3－1　調理するときの爪を切った状態と三角巾の被り方

年調理することに携わってきた高齢女性にとっては，調理するときの身支度をすることで，表情がいきいきとなり，行動できるようになる場合がある。そこでは，見守り，安全性に考慮しながらコミュニケーションをとり，楽しく調理できるように支援することが大切である。

（2） 台所・食卓の繊維製品

　台所で使用される繊維製品には，ふきん，台ぶきん，おてふき，調理用手袋，たわし，キッチンマットなどがある。

　ふきん，台ぶきん，おてふきは，それぞれ食器・調理器具をふく，調理中の食材を絞る（りんごジュースを手絞りで作る，豆腐の水分を手絞りでとる場合など），作業台や食卓をふく，洗った手をふくなどに使用される。いずれも吸水性があり，丈夫で衛生管理がしやすい素材，織り方，色物がよい。一般的には植物繊維の綿100％，再生繊維のレーヨンとの混紡で平織，ドビー織の白物が多く用いられる。タオル地は水分の吸収は早いが，毛羽が出やすく耐久性は劣る。また，近年では，エコブームにのり，洗剤を使わないで汚れを落とす超極細繊維（ポリエステル・ナイロンなど）を使用したふきんも商品化されている。どの素材も使用後は，石けん・中性洗剤を用いてよく洗って汚れを除去し，乾燥させることが大事である。時には，漂白・消毒することが必要である。除菌には，沸騰したお湯の中で洗ったふきんを5分以上煮る煮沸消毒が望ましい。水にとり，よくすすいで天日干しをする。酸素系・塩素系漂白剤を使用するときには，素材により使用できないものもあるので，使用上の注意をよく読んで使用する。

　たわしにも，用途に合わせてさまざまな素材の製品がある。いずれも汚れやすいため，きちんと衛生管理をしなければならない。また，近年では，洗剤を使わなくても汚れが落ちる極細アクリル繊維のたわしも使われている。

　食卓では，手作りの料理も配食サービスの料理も，テーブルクロス，ランチョンマット，コースターなどを使用することで，食卓が明るくなり，調理品が映え，おいしく食べることができる。また，必要に応じて食卓でのおてふきなども，個人のものを準備しておくとよい。

2．住生活（台所設備と動線計画など）

（1） 調理空間の構成

　調理作業は，刃物や火，水などを使用するばかりでなく，長時間かかることもある。そこで，安全性や快適性，衛生性を配慮した調理空間，また，調理作業を支援しやすい空間構成について考える。

1）調理空間の配慮

　台所空間は，調理にかかわるさまざまな作業が行われ，作業密度が非常に高い場所といえる。そのため，効率的に安全に作業できるような空間構成を考える必要がある。台所空間の検討では，広さ，配置，室内環境について，特に配慮することが望ましい。

　広さの検討は，使用者の身体状況や人数，設備機器の大きさや配置などに配慮が必要である。主な作業者が誰なのか，一人なのか複数なのか，福祉用具などを利用するのか，介助者の支援や家族の見守りが必要かといった状況を，将来性も視野に入れて考えることが望まれる。

調理する人の動き（作業動線，図3－2）を考え，必要な用具や設備の配置を検討したい。特に，利用者の体型や身体状況，福祉用具の利用の有無によって，必要な空間量が大きく変化することを考慮しなければならない。

　設備機器については，家族や介助者が調理支援を行う場合を含めて，使用する設備機器の操作方法をきちんと理解して，安全に効率的に調理ができるように作業動線と設備機器の配置を検討する必要がある。

　台所の室内環境には，他の部屋とは違った配慮が必要である。特に，コンロの熱では，換気扇などの機械換気によって臭気が室内にこもることを避ける工夫が必要である。換気扇の利用や電気機器によっては，利用時に大きな音が発生することもあるため，消音の工夫や使用時間の配慮も検討したい。また，調理台では，手元に局所照明を利用して，目の疲れへの配慮や作業能率を向上させる工夫が望ましい。高齢者では，難聴のために設備機器の使用に伴う音が認識しにくい場合や，白内障などの目の病気のために手元が見えにくく，目が疲れやすい場合も多い。そのため，必ず利用者の身体状況を踏まえて作業の進め方を検討することが大切である。

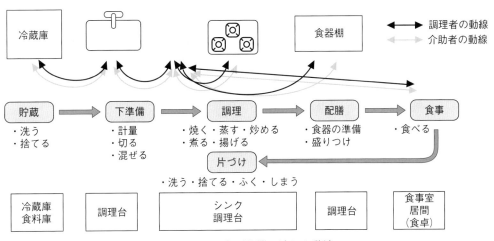

図3－2　台所作業の流れと動線

（2）　設備の工夫（福祉住環境整備）

　調理作業は，継続的で危険を伴う複雑な作業も多いため，高齢者や障害者にとっては負担が多く敬遠される場合もある。しかし，日常生活に欠かせない作業であるばかりでなく，複雑な工程を必要とする調理は，気分転換や生きがいづくり，役割意識の醸成，さらに，近年では，認知症の進行を遅らせる効果が期待できるものとして，調理作業が見直されている。身体状況に応じた安全性や快適性への配慮，また作業の効率化を図り，楽しみながら調理作業するための配慮について確認しよう。

1）　高さ・収納への配慮

　身体状況によって，姿勢保持が困難な場合や，手の届く高さ，奥行き，目の届く範囲が大幅に減少する場合がある。作業台の高さだけでなく，シンクの深さにも十分注意する必要がある。また，収納棚についても高さや奥行き，利き手の状況などにも配慮したい（図3－3，4）。

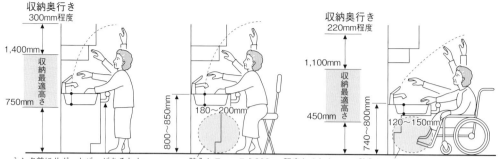

・シンク前にサポートバーがあるとよい。

立位可能者

・膝入れスペースを200mm程度とるとよい。
・シンク底が浅いので泡沫水栓がよい。
・シンク前にサポートバーがあるとよい。

座位（高めの椅子の場合）

・膝入れスペースをとる。
・シンク底が浅いので泡沫水栓がよい。
・シンク前にサポートバーがあるとよい。

車椅子使用者

※座位の場合は、座面の高さにより収納の高さ、奥行きの目安が異なるため、立位や車椅子での収納寸法を参考に適した配慮が必要になる。
※数字はあくまでも目安のため、身体寸法や身体状況に応じて適したものを利用する。

図3-3　流しの配慮と手の届く範囲の例

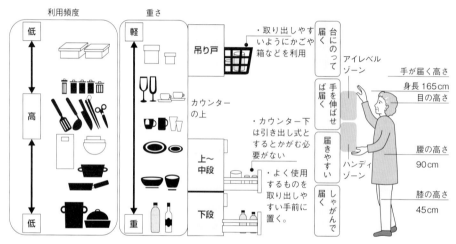

図3-4　収納に関する配慮

2）　安全への配慮

　調理空間では、火や熱湯を扱うことによるやけどや視覚、聴覚、感覚等の障害によって、臭気や温度変化に気がつかづず、火災や事故につながることもある。調理作業の姿勢によっては、熱源やシンクとの距離がかなり近くなり、危険である。調理熱源によっては、袖口の広い衣服への燃えうつりなども発生しているため、安全を確保するための装置を利用することが望まれる。火災警報器やガス漏れ感知器は、ブザーや音声によって危険を知らせるものが一般化している（表3-1）。使用する際は、実際に発報した場合や、誤報の場合の連絡先なども、きちんと把握しておくことが重要である。

表3-1　安全装置の主な特徴

火災警報器	ガス漏れ感知器
熱式（温度を熱で感知する）と煙式（温度を煙で感知する）があり、それぞれ、ブザーや音声で火災の発生を知らせる。	ガス漏れを感知したらブザーや音声で知らせる。ガスの供給業者によっては、感知時に警報を感知すると自動的にガスを遮断するサービスを行っているところもある。

3．食生活（調理器具と食器・食具の自助具）

　自助具とは，障害などにより日常生活に不自由をきたしている人が，可能な限り自立できるようにその動作を補うように工夫した道具類をいう。自助具の使用により主体的な生活ができるようになり，QOL（生活の質）の向上も図ることができる。しかし，逆に使い方を誤るとさらに障害を重くしたり，身体機能の低下を引き起こすこともある。本人の身体状況に合う自助具を見つけるためには，専門家に相談するのが望ましい。本来は，その人の身体状況や要望に合わせて，専用に製作するものが最もよい。

　自助具として市販されているものには，① 障害のある人専用に開発されて，福祉用具店などで販売されているもの，② ユニバーサルデザイン（障害の有無や年齢などにかかわらず，すべての人が快適に使えるデザイン）の観点から製品化された商品で，一般小売店などで販売されているものがある。①は性能は優れているが，入手が困難な場合もあり，高額であることが多い。一方，②は近年さまざまな領域で製品化されており，調理器具においても充実しつつある。さらに，①の製品よりは安価で入手しやすいので，用具の導入の際には②の製品から検討するのがよい。また，通常の製品に工夫を加えて，自助具として利用できるように加工する場合もある。

　以下，調理に使用する基本的な調理器具と食器・食具の自助具例を紹介する。

（1）調理作業に合わせた調理器具の自助具

　「切る」「むく」「炒める」といった作業のときには常に危険が伴うため，特に本人に合う道具を見つけて使用するのが望ましい。以前から力が弱い人のために，握り部分が刃に対して直角に設計されている包丁や皮むき器，フライ返しが，福祉用具として市販されてきた（写真①・②）。しかし，障害の種類や程度によっては本人に合うようにと柄と包丁などの角度を微妙に変えたいものであり，写真③・④の製品ではそれが可能になった。

　物の「固定」には，まな板や滑り止め用の調理器具がある。写真⑤は，ワンハンド調理台という名称で市販されているもので，食材を固定することができるため，片手でも包丁で切ったり，皮むきができる専用の福祉用具である。写真⑥は食器茶碗やボウルなどの固定に，写真⑦はお盆の滑り止めの例である。片手で行えるという利点がある。図3－5は，市販のまな板に加工した例で，機能は専用品と同等である。

　「加熱する」ために使用する鍋類では，鍋に食材の重さが加わるために鍋自体が軽いことが望まれる。軽量の鍋も一般小売店で市販されているので，利用するとよい。写真⑧のように持ちやすい鍋（取手を握らなくてもよい形状にいなっている）も，福祉用具として販売されている。

直角設計の包丁とナイフ

直角設計のフライ返しと皮むき器

角度を変えられる包丁

角度を変えられる皮むき器

ワンハンド調理台

滑り止めの一例
（茶碗まくら）

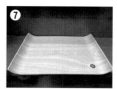
滑り止めの一例
（お盆）

持ちやすい鍋

アルミ板などを取りつけた例。食材だけでなく容器も固定できるので，いろいろな作業ができる。

木片は食材を固定するくぎをカバーしている。

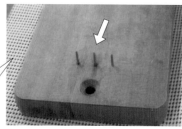

くぎ状の突起を取りつけた例。ここに食材を刺して固定できる。

作業時は滑り止めシートを敷く。

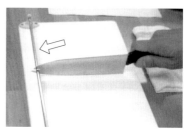

バーを取りつけた例。包丁先端にもくぼみをつけ，バーに引っ掛けて使うと手元の安定が図れる。

図3－5　市販まな板を加工した例

（2）食器・食具の自助具

　自力で食べるという行為は，他者に食べさせていただくよりもおいしく食べられ，満足度も高い。手首の関節運動や手の握力・巧緻性が低下した場合でも自力で食べられるように，図3－6に示すような食器や食具の自助具が開発されている。

片手でもすくいやすい皿

大きな持ち手のマグカップ

人差し指と親指で使えるバネつきの箸

手首の動きが不自由でも持ちやすい形状記憶ポリマー*スプーン（左）とはさむ・刺すことのできるスプーン（右）

図3－6　食事や食器の自助具

＊　スプーンの柄に使われている形状記憶ポリマーは，お湯に入れると柔らかくなり，水に入れると硬くなる性質があり，握力の弱い人や手首の動きの不自由な人に合わせて形を変えられる。

Ⅲ. 調理支援

4 | 調理の基本

1. 献立作成

　調理には，献立作成，食材の選択・購入と金銭管理，身支度・手洗い，調理の準備，調理，配膳，後片づけなど一連の作業がある。

　献立作成では，食事をとる人の嗜好や食べたい料理を尊重するとともに，年齢や身体活動レベル，持病や障害など身体状況に関する情報をもとに，食事摂取基準や食品群別摂取量の目安から，食品の種類や量，調理形態（常食・軟菜食など）を決める。

　表4−1は，高齢期の食事摂取基準を示したものである。身体活動レベルは，日常生活の内容に基づき，「Ⅰ 低い」（基礎代謝量の1.4〜1.6倍），「Ⅱ 普通」（同1.6〜1.9倍），「Ⅲ 高い」（同1.9〜2.2倍）の3種類に分類される。「Ⅰ 低い」の場合は，日常生活の大部分が座位で静的活動が中心である。寝たきりで移動ができない場合は，基礎代謝量の1.3倍，移動に車椅子を利用する場合は1.4倍となることが，介護施設での調査から明らかになっている。

　必要な各エネルギー・栄養素の量は食事摂取基準で理解するが，具体的には，表4−2に示

表4−1　高齢期の食事摂取基準（「日本人の食事摂取基準（2020年版）」）

年齢（歳）	性別	エネルギー（kcal/日）身体活動レベルⅠ 推定エネルギー必要量	たんぱく質（g/日）推定平均必要量	推奨量	脂質（%エネルギー）目標量*	炭水化物（%エネルギー）目標量*	食物繊維（g/日）目標量	ビタミンA（μgRAE/日）推定平均必要量	推奨量	ビタミンB₁（mg/日）推定平均必要量	推奨量
65〜74	男性	2,050	50	60			20以上	600	850	1.1	1.3
	女性	1,550	40	50	20〜30	50〜65	17以上	500	700	0.9	1.1
75以上	男性	1,800	50	60			20以上	550	800	1.0	1.2
	女性	1,400	40	50			17以上	450	650	0.8	0.9

年齢（歳）	性別	ビタミンB₂（mg/日）推定平均必要量	推奨量	ビタミンC（mg/日）推定平均必要量	推奨量	ナトリウム（mg/日）〈食塩相当量g/日〉推定平均必要量	目標量	カルシウム（g/日）推定平均必要量	推奨量	鉄（g/日）推定平均必要量	推奨量
65〜74	男性	1.2	1.5				〈7.5未満〉	600	750	6.0	7.5
	女性	1.0	1.2	80	100	600〈1.5〉	〈6.5未満〉	550	650	5.0	6.0
75以上	男性	1.1	1.3				〈7.5未満〉	600	700	6.0	7.0
	女性	0.9	1.0				〈6.5未満〉	500	600	5.0	6.0

備考：1．推定エネルギー必要量＝参照体重における基礎代謝×身体活動レベルとして算定している。65〜74歳ではⅠ＝1.45，Ⅱ＝1.70，Ⅲ＝1.95に，75歳以上ではⅠ＝1.40，Ⅱ＝1.65としている。エネルギーの過不足は，食事摂取状況のアセスメント，体重およびBMIを用いて評価する。
　　　2．参照体位（身長・体重）は65〜74歳は男性が（165.2cm，65.0kg），女性が（152.0cm，52.1kg），75歳以上は男性が（160.8cm，59.6kg），女性が（148.0cm，48.8kg）である。
　　　3．＊の範囲に関しては，おおむねの値を示したものである。

す「4つの食品群の食品構成」，表4－3に示す「食品の重量目安量」をもとに献立を作成する。献立の基本に，一汁三菜，一汁二菜などがあるが，基本となる一汁三菜の献立では，次のような手順で考えるとよい。

① 主食を決める：主食になる第4群の炭水化物を多く含む穀類から選ぶ。
② 主菜を決める：主食に合わせて和食・洋食・中華食を決める。第1群・第2群のたんぱく質を多く含む食品から選び，料理を考える。
③ 副菜を決める：主菜に合わせて，第3群のビタミン・無機質を多く含む野菜などを使った料理を考える。

表4－2　4つの食品群の年齢別・性別・身体活動レベルⅠの食品構成

（1人1日あたりの重量：g）

年齢	性別	第1群		第2群		第3群			第4群		
		乳・乳製品	卵	魚介・肉	豆・豆製品	野菜	芋	果物	穀類	油脂	砂糖
65～74歳	男性	250	55	120	80	350	100	150	340	15	10
	女性	250	55	100	80	350	100	150	200	10	10
75歳以上	男性	250	55	120	80	350	100	150	270	15	10
	女性	200	55	80	80	350	100	150	190	10	5

注：1. 野菜はきのこ，海藻を含む。また，野菜の3分の1以上は緑黄色野菜でとることとする。
　　2. エネルギー量は，「日本人の食事摂取基準（2020年版）」の参考表・推定エネルギー必要量の約93～97％の割合で構成してある。各人の必要に応じて，適宜調整すること。
　　3. 食品構成は「日本食品標準成分表2020年版（八訂）」で計算。

〔香川明夫監修「4つの食品群の年齢別・性別・身体活動レベル別食品構成（1人1日あたりの重量g）」をもとに作成〕

表4－3　主な食品の重量目安量

食　品	目　安　量	重量(g)	食　品	目　安　量	重量(g)
米飯（精白米）	茶碗1杯	100～200	みかん	中1個	80
白玉うどん	1玉	200～260	バナナ	中1本	150
食パン6枚切り	1枚	60	ほうれんそう	1把	300
ロールパン	1個	30	キャベツ	中1個	1,200
鶏卵	1個	50～60	かぼちゃ	中1個	800
あじ	中1本	120	じゃがいも	中1個	100
魚切り身	1切れ	80～100	さつまいも	中1個	250
いか	1ぱい	300	にんじん	中1本	200
あさり	むき身10個	30	なす	中1本	130
大正えび	中1尾	60	ピーマン	中1個	30～40
鶏ささみ	1本	40	きゅうり	中1個	100
鶏もも肉	骨付き1本	250～300	トマト	中1個	150
豆腐	1丁	300	たまねぎ	中1個	200～250
油揚げ	1枚	15～30	根深ねぎ	中1本	100
こんにゃく	1枚	250	生しいたけ	中1個	10～20
りんご	中1個	250	乾しいたけ	中1個	2

④　副々菜，汁物を決める：副菜と同様，副々菜では箸休めになるような和え物，漬物など
　　　を，また，汁物を第3群のビタミン・無機質を多く含む野菜などや第2
　　　群の豆・豆製品など，主菜・副菜でとれなかった食品を使って考える。
⑤　デザートを決める：必須ではないが，果物など不足している栄養素を補えるようなもの
　　　を考える。

2. 食材の選択

　食品は，大きく生鮮食品と加工食品に分けられる。生鮮食品は，鮮魚，生肉，野菜，果物な
どであり，一般的に品質の劣化が早い。加工食品は，生鮮食品に工業的に手を加え，嗜好性や
貯蔵性を高めたものである。

　鮮魚，生肉，野菜，果物などの生鮮食品は，旬のもの，新鮮なものほど，栄養価が高くおい
しく食べられ，かつ安全である。特に，魚介類や肉類では肉汁（ドリップ）が出ているものは
鮮度が落ちているので注意する（表4−4）。また，卵類は日配食品として扱われる。殻の表
面がザラザラしているものが基本的には新鮮なものである。

　食品購入の際は，食材の種類により購入する店の順序や，スーパーなどの同一店内でも選択

表4−4　生鮮食品の選び方

種　類			選　び　方
野菜類	葉菜類（キャベツ・はくさい・ほうれんそう等）		・葉がみずみずしいもの　・葉脈がしっかりしているもの ・結球が適度なもの
	茎菜類（アスパラガス・うど等）		・茎のよくしまったもの　・切り口が乾燥・変色していないもの
	花菜類（ブロッコリー・カリフラワー等）		・花蕾の間がしまっているもの　・花が開いていないもの
	根菜類（だいこん・にんじん・ごぼう等）		・すのはいっていないもの　・皮に張りやつやのあるもの
	果菜類（きゅうり・なす・トマト等）		・色の鮮やかなもの　・へたの部分が新鮮でとげが尖っているもの
魚介類	一尾魚（あじ・いわし・さんま・かれい・たい等）		・みずみずしい光沢があり，その魚特有の色彩を保っているもの ・うろこのあるものは，うろこがしっかりしているもの ・目が透明なもの　・えらの内側が鮮紅色のもの ・腹部が締まり，弾力があり，傷がないもの
	切り身（さば・かつお・ぶり・たい・さけ等）		・透明感のあるもの　・身と血合，身と皮の境目がはっきりしているもの ・弾力があり，皮がしっかりしているもの ・赤身の魚は，赤身がきれいで，切り口が油っぽくないもの
	貝類（あさり・しじみ・あかがい等）		・生きているものは触れると反射的に貝を閉じる ・剥き身の貝は肉厚で，つやのあるもの
	その他	えび	・頭がしっかり付き，背腸がくっきりと見えるもの ・剥きえびは，太くしっかりしているもの
		いか	・黒褐色で透明感があり，腹が丸く吸盤に触れると吸い付くような感じのもの
肉類	牛肉		・肉色が鮮紅色で，きめが細かく締まって，弾力のあるもの ・霜降りは細かく入っているものほど上等になる
	豚肉		・肉色が淡紅色で，きめが細かく締まって，弾力のあるもの ・脂肪は白色で光沢と粘りのあるもの
	鶏肉		・肉色がピンク色で，身が締まりみずみずしい光沢があるもの ・皮つきのものは黄色で毛穴がブツブツと盛り上がっているもの

する順序を考慮し，長期保存可能な食品を最初に選び，鮮度が落ちやすいものは最後に購入する。また，品質表示や鮮度をよく見て選択するとともに，肉・魚類などの水分があるものは，もれないようにそれぞれ別々に包装する。購入後はできる限り早く帰宅し，保管することなどが大切である。豆腐・かまぼこなどの加工食品は，原材料名（材料，添加物等），内容量（重量，個数），期限表示（消費期限，賞味期限），保存方法，製造者名を確かめて購入する。

3．家庭での保存

　食品の保存には，冷蔵庫を利用した冷凍保存（−18℃以下）・冷蔵保存と常温保存がある。

　冷凍保存は既製の冷凍食品をそのまま保存する場合と，新鮮な魚類を下調理してまたは肉類を薄く切って，急速冷凍することもある（短時間で急に冷凍すると氷の結晶が細かくなり，食品の組織が壊れにくく，品質が保たれたまま保存できる）。冷凍食品の品質保持期間は種類により異なり，最長で8～24か月であるが，なるべく早く食べたほうが，安全にかつおいしく食べられる。

　図4−1に示すように，冷凍庫，冷蔵庫の各室は，いずれも隙間をつくって7割程度の保管量にし，温度が一定に保てるように注意する。

　常温保存は日光に当たらない，なるべく涼しく乾燥した場所に保管する方法である。常温で保存できるものは，調味料，レトルト食品，インスタント食品，缶詰および瓶詰などの加工食品である。缶詰・瓶詰は，開封後は冷蔵する。乾物は，開封したら乾燥剤を入れて密封保存する。野菜・果物類では，さつまいも，さといも，なす，バナナなどは冷蔵すると傷むので常温保存にする。

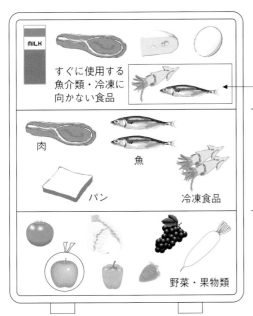

〈冷蔵室〉
温度：約4℃
内容量は全体の70％前後に抑え，冷却効率を下げない
長期保存は避ける
扉の開け閉めで庫内の温度が上がるので開閉は素早く
ドアポケットは，6～9℃
チルド室（0℃前後）は魚介類に向く
パーシャル室（約−3℃）

〈冷凍室〉
温度：約−18℃
冷蔵室より長期保存に向く
1回に使う分を小分けにして入れるとよい
保存において万能ではないので早めに使い切ること
→急速冷凍したものは，長くても3か月程度で使い切るようにすること

〈野菜室〉
温度：約6℃
野菜・果物類の保存に向く
りんごを入れるときには，エチレンガスの発散を防ぐために，ビニール袋に入れ密封する
ほうれんそうなどの葉菜類は，根を下にして立てると長持ちする

図4−1　冷凍・冷蔵庫の使用方法

4．調理のための身支度と手洗い

　調理は，家事の中でも，時間と思考力・体力を必要とするエネルギー消費量の多い活動である。調理当日，発熱や体調不良，下痢をしている場合は，調理することを控えたい。また，手指に傷があるときは，その状態に対応して作業を控えることが望ましい。日頃の体調管理をして健康な状態で調理する。

　調理のための身支度の意義と実際の身支度の仕方については，第3章で述べた。ここでは，身支度が済んで，実際に調理する前の手の洗い方について説明する。

　食中毒の原因には，食品そのものが菌などを保有していることによる場合もあるが，外部から菌などが付着することでも生じる。食品に直接触れる調理器具の洗浄，衛生管理はもちろんであるが，手洗いは食材を衛生的に扱い調理するために，最も大事なことである。人の皮膚には，常在菌として黄色ブドウ球菌をはじめとしてさまざまな菌がついている。これらは，普段は，人の体を守ってくれているが，その菌が体内に入り，増殖すると悪い影響を及ぼす。また，外部からの汚れもついているので，洗剤をつけてていねいに洗うことが必要である。

　次に，手の洗い方を示す（公益社団法人日本食品衛生協会ホームページより抜粋）。

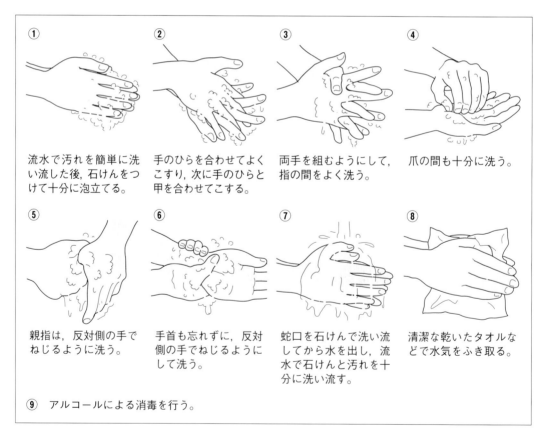

① 流水で汚れを簡単に洗い流した後，石けんをつけて十分に泡立てる。

② 手のひらを合わせてよくこすり，次に手のひらと甲を合わせてこする。

③ 両手を組むようにして，指の間をよく洗う。

④ 爪の間も十分に洗う。

⑤ 親指は，反対側の手でねじるように洗う。

⑥ 手首も忘れずに，反対側の手でねじるようにして洗う。

⑦ 蛇口を石けんで洗い流してから水を出し，流水で石けんと汚れを十分に洗い流す。

⑧ 清潔な乾いたタオルなどで水気をふき取る。

⑨ アルコールによる消毒を行う。

　調理する前の石けんを使った手洗いに加え，肉・魚・卵などを直接手で扱った後やトイレの後，手袋を交換する前も必ず手を洗うことが，おいしい料理を作ると同時に食中毒予防につながる。

（1） 調理の準備

　身支度・手洗いが済んだら，調理するための調理器具と食材の準備をする。介護福祉士，ホームヘルパーとしての在宅における調理支援は，基本的には30分から1時間以内に行わなければならない。そのための下準備は，衛生管理や作業効率を上げるためにも大事なものになる。次の事項を確認して行うとよい。

〈作業台上の準備〉

① 　作業台をふく。必要に応じてアルコール消毒をする。
② 　作業台に必要な調理器具を出す。汚れている場合は洗ってから使用する。
　・台ぶきん1枚，まな板や調理器具をふくためのふきん，後片づけ用のふきん4〜5枚，おてふきなど
　・献立に合わせて使用する鍋類
　・洗い桶，ボウル，ざる，バット類
　・計量スプーン・カップ，秤，玉じゃくし，菜箸，へら類
　・ごみをまとめて捨てるための紙袋（右写真参考）やポリエチレン製袋
　・包丁，まな板など
③ 　使用する食材をそろえる。生肉や鮮魚は，使用する直前に冷蔵庫から出す。
　冷凍食品の解凍は，自然解凍（包装のまま室内の涼しい場所で自然に解凍する），低温解凍（冷凍室から冷蔵室に移して解凍する方法），水中解凍（包装のままポリ袋に入れ，中の空気を抜き輪ゴムなどで口を閉じて水（流水）につける方法），加熱解凍（野菜類は熱湯につけて，フライ類は油で直接揚げるなど直接加熱する方法），または電子レンジを用いて行う。
④ 　調味料を準備する。

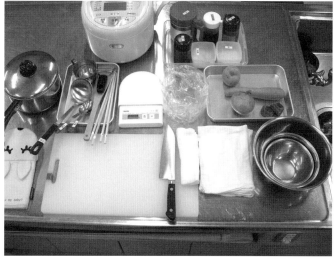

※カレーライスを作る場合

　次頁の表4－5に，基本的な調理器具を示す。

表4−5　よく使用される調理器具

器　具　名	説　　　明
包丁	・材質はステンレス・鋼など。ステンレス製は錆びにくく，手入れがしやすい ・さまざまな食品に使用できる万能包丁が便利 ・果物や細かなものを切るときはペティナイフが便利
皮むき器	・刃はステンレス製・セラミック製 ・刃が回転するため，凹凸がある部分の表面をなぞるように皮むきができる
まな板	・材質は木・プラスチックなど。野菜・果物用と魚・肉用と使い分けると衛生的 ・木製品は表面に包丁傷がつきやすく食品カスが入りやすいため，衛生管理が難しい ・プラスチック製品は傷がつきにくいが，木製品よりも包丁の刃が滑りやすい
菜箸	・材質は竹・ステンレスで，通常の箸よりも長い ・調理時や盛りつけなどに用いる。金属製のものは揚げ物に適する
へら	・材質は木・合成樹脂・ゴムなど。材料を混ぜる，塗るなどに使用 ・木製品は炒めに使用することもある
玉じゃくし	・材質はアルミ・ステンレス・木 ・半球状のものや，横口レードルと呼ばれる注ぎ口がついたものもある
フライ返し	・材質はステンレス・ナイロン・シリコン ・炒め物や，焼き物を返したり混ぜるなどの用途に使用
泡立て器	・材質はステンレス。形は茶せん型が主流。電動泡立て器もある ・ケーキ生地やドレッシングなどの撹拌など幅広い用途で使用される
計量スプーン	・大さじ（15mL），中さじ（10mL），小さじ（5mL）が基本。1mLのミニスプーンや5mLの1/2，1/4，1/8などもある ・少量の調味料などを計量する
計量カップ	・材質はステンレス・プラスチック・ガラスなど ・180mL（1合），200mL，500mL，1,000mLがある。通常は200mL（1カップ）を使用
ボウル	・材質はステンレス・耐熱ガラス・プラスチックなど ・大きさは多岐にわたる
ざる	・材質はステンレス・プラスチックなど。ボウル型で網目状になっている ・大きさは多岐にわたる ・野菜の水切り，だしなどを漉すのに使用
漉し器	・ざるよりも網目が細かい。ソースやだしを漉すのに使用 ・持ち手のついた万能漉し器もある
温度計	・アルコール温度計をはじめとするアナログ温度計とデジタル温度計がある。タイプ別ではスティック・赤外線タイプなどがある ・揚げ油の温度を測るのに重宝する
鍋	・材質はステンレス・アルミ・陶器・耐熱ガラスなど。片手鍋・両手鍋などの種類がある ・基本的には煮物に使用。厚手のアルミ鍋は炒め物などに使用することもある ・大中小の3種類を用意すると便利
フライパン	・材質は鉄・ステンレス・アルミなど。表面加工〔フッ素（テフロン）コート・マーブルコート・セラミックコートなど〕が施されているものもある ・炒め物・焼き物などに使用
ミキサー	・電動で食品を粉砕，撹拌する器具 ・ジュース・ポタージュなど水分の多い調理に向く ・手軽なハンドミキサーもある
フードプロセッサー	・電動で切る・砕く・撹拌する作業ができる ・数種類の替え刃を用途によって使い分ける
ジューサー	・電動で果物などの食品を粉砕し，液体とカスに分離する器具 ・水を加えずに調理できるので濃厚なジュースが得られる
電子レンジ	・庫内でマイクロ波を発生させて，食品中の水分子を震わせ，食品自体を発熱させる器具 ・料理の温めなおし，食品を蒸す・煮るなどの調理ができる ・金属・プラスチックの器具・素焼きの陶器，土鍋は使用不可
電磁調理器	・電磁波誘導（導線に電流を流すと磁力線が発生する。その影響で近くにある金属に電流が流れ，金属の電気抵抗によって金属自体が発熱する）を用いて，鍋を発熱させて食品を加熱する ・炎が出ないため，安全に使用できるが，突沸し，余熱には要注意 ・温度調節がしやすいため，煮物に向く ・アルミ・銅の鍋，多層鍋・耐熱ガラス鍋，土鍋は使用できない

〔川村佐和子ほか編著：『生活支援技術Ⅳ』，建帛社，pp.59-60（2009）を参考に作成〕

（2）　調理操作

　調理操作には，洗う・切るなどの非加熱操作，焼く・煮るなどの加熱操作がある。表4－6に非加熱操作の例を，表4－7に加熱操作の例をそれぞれ示す。非加熱操作では，野菜などを切ることにより表面積が大きくなり，火の通りをよくしたり，小さくすることで咀嚼（そしゃく）しやすくする。一方，加熱操作では，肉や魚などを焼く・煮るなどして火を通すことにより，付着した微生物を死滅させたり，軟らかくして咀嚼しやすくするなど，嗜好性や安全性を高める効果がある。

表4－6　非加熱操作の例

	特　徴	例
洗う	食品についている泥・細菌・農薬などの有害物質を除く	野菜の泥・農薬を落とす 魚のはらわたを出した後の水洗い
漬ける	調理しやすくする 食品の成分の変質を防ぐ うま味を出す	乾物を戻す（切干しだいこん等） りんご・じゃがいもの褐変を防ぐ 昆布などのだしをとる
混ぜる	材料を均一にする 乳化させる 口ざわりを変える	小麦粉とベーキングパウダーを混ぜる マヨネーズ パン生地をこねる，ハンバーグ生地をこねる
切る	食べられない部分を除く 食べやすい大きさにする 見た目をよくする 熱の通りをよくする。噛み切りやすくなる	種を取る・皮をむく 野菜を切る（いちょう切り・小口切りなど） 野菜などの飾り切り だいこんの隠し包丁・いかの布目切り等
おろす・する	食品の組織を均一にする 調味料を浸透しやすくする	豆腐・ごまなどをすりつぶす（和え衣として使用するとき） 魚のすり身など
しぼる・漉す	固形物と液体を分離する 不要な部分を分離する 成形する	豆腐の水分をしぼる 卵液を漉す（卵焼き，茶碗蒸しを作るとき） 茶巾しぼり
冷蔵する 冷凍する	食感を向上させる 食品の品質を保持する	ゼリー・サラダなどを冷蔵する 肉類・魚類・調理済みの野菜を冷凍する
解凍する	元の食品に戻す 調理性を増す	冷凍保存していた調理済み食品を解凍する 刺身を半解凍させる（切りやすい）

〔中川英子編著：『介護福祉のための家政学』，建帛社，p.71（2004）〕

表4－7　加熱操作の例

調理方法		加熱方法	特　徴
煮る		煮汁の熱の対流による加熱	・加熱温度は100℃を超えない（常圧の場合） ・1回に多種類・多数の食品が調理可能 ・加熱中の味付け可能
蒸す		水蒸気による加熱	・加熱温度は100℃を超えない（常圧の場合） ・卵液を蒸す場合は85〜90℃に調節する ・加熱中の味付け不可能
焼く	炒める・焼く等	フライパンなどからの伝導熱・放射熱	・フライパンへの食品の付着を防ぐために油をひく ・フライパン内の食品を動かす→炒める ・加熱中の味つけ可能
	オーブン加熱	空気の対流とオーブン壁からの放射，天板からの伝導	・体積の大きいものの加熱が可能 ・水分の蒸発が少ない ・加熱中の味つけ不可能
揚げる		油の対流による加熱	・加熱温度は160〜190℃ ・1回に大量の調理ができない ・加熱中の味つけ不可能
電子レンジ加熱		マイクロ波照射による食品自身の発熱	・熱の効率がよく，短時間で加熱できる ・水分の蒸発が多い ・焦げ目がつかない ・加熱中の味つけ不可能

〔中川英子編著：『介護福祉のための家政学』，建帛社，p.71（2004）〕

（3） 野菜類の洗い方

調理に使用する野菜は，最初にまとめて洗う。汚れや虫，細菌などの除去とともに節水，水質汚染なども考慮し，効率的に洗うことが大切である。次に，野菜を洗うときの注意点を述べる。

① たまねぎなど土がついてなく，表面が乾燥しているものは，皮をむいてから洗う。

② 洗い桶や大きなボウルに水を入れ，汚れの少ないものから洗い，最後に流水で洗う。

③ ほうれんそうやこまつななどの葉菜類の根元や，かぶの茎元など泥がついているものは，泥を取るようにていねいに洗う。

④ レタスやキャベツなど結球している野菜を丸ごと使う場合は，芯をくりぬいて流水で洗うと手早く洗える。

⑤ かぼちゃやとうがんなど種とわたがあるものは，スプーンなどで取り除いてから洗う。

⑥ 絹さややさやいんげんなどは，筋やへたを手で取ってから洗う。

⑦ アスパラガスは，根元を手で折って固い部分を除く。また，茎にある三角形の部分（はかま）は，口当たりが悪いので包丁の刃元かピーラー（皮むき器）でそぎ取って洗う。

⑧ きゅうりは，まな板の上で塩を小さじ1/2ほどふり，手のひらで転がして（板ずりという）から洗うと，苦味や青臭さが除去され，緑色がきれいになる。

⑨ ごぼう，さといもなど泥つきの野菜は，流水をあてながら，たわしやスポンジで泥を落とす。

（4） 乾物の戻し方

乾物は，食品の水分を蒸発させて保存しやすくしたもので，水につけて戻すことが基本である。（　）内は戻し後の大きさ（倍率）である。

① **わかめ（素干しわかめ・カットわかめ）**：たっぷりの水に5分ほどつけて戻す。生食の場合は，食べやすい大きさに切って熱湯にさっと通し，水にとって冷まし，色だしをする。（素干しわかめ6倍，カットわかめ12倍）

② **ひじき**：洗って汚れを取り，水を替え20分ほどつける。（芽ひじき4倍，長ひじき8倍）

③ **高野豆腐**：60℃前後の湯につけ，十分に含ませる。白濁した汁が出なくなるまで水を替えながら手で押し洗いする。（5～6倍）

④ **乾しいたけ**：軽く水洗いをしてヒタヒタの水につけて戻す。笠の薄いものは5，6時間，どんこは1晩浸す。戻し汁の上澄み液は，煮物料理のだし汁として使用する。（4～5倍）

⑤ **切干しだいこん**：水につけてもみ洗いし，汚れを取り除く。水を替えて20分ほどつけて戻す。（4～5倍）

⑥ **かんぴょう**：漂白し，保存料として二酸化硫黄が添加してあるものは水で洗い，塩をふりかけて軽くもみ洗いする（無漂白のものは，水で洗う）。水に30分ほどつけ，火にかけて茹でる。（7～10倍）

⑦ **豆　類**：大豆は水洗い後，容量の4倍の水に1晩浸す。（2.5倍）　小豆は，容量の3倍の水に12～16時間浸し，豆の重量の2倍量の水で茹でる。（2.3倍）

⑧ **はるさめ**：熱湯でゆでて冷水にとり，水切りをする。（4倍）

（5） 包丁の持ち方と食材の切り方

　切るという行為は，包丁，フードプロセッサー，キッチンばさみ，皮むき器などいろいろなものが使われるが，ここでは，包丁による基本的な切り方について述べる。

　包丁を使用するときは，安全に手早く切ることが要求される。図4−2に，食材・包丁の持ち方の基本を示す。包丁は利き手でしっかりと持ち，もう片方の手で指を切らないように食材を固定させて切る。

　表4−8に，切り方の基本を示す。繊維に沿って切ると煮崩れが少なく，繊維に対して直角に繊維を断つように切ると火の通りが早く，味もなじみやすくなる。咀嚼機能が低下した人を対象に調理する場合は，繊維に対して直角に切ることが多い。

図4−2　包丁の正しい持ち方

表4−8　切り方の基本

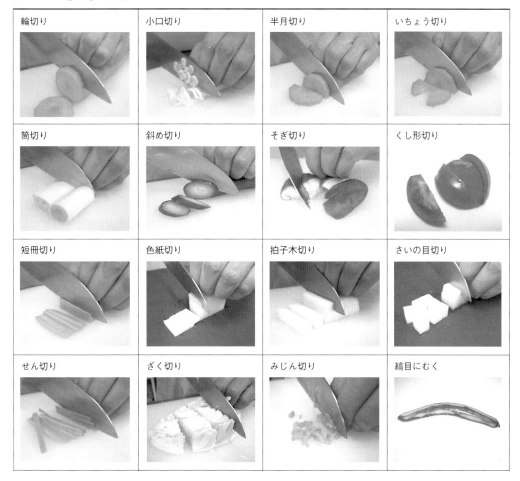

表4－8（続き）

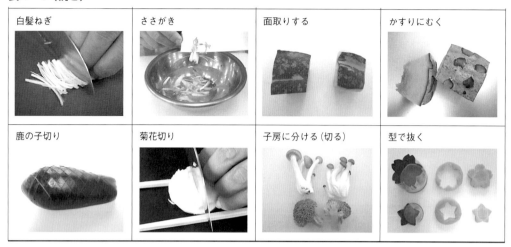

白髪ねぎ	ささがき	面取りする	かすりにむく
鹿の子切り	菊花切り	子房に分ける（切る）	型で抜く

（6）　食材の下処理

　野菜類でアクの出るものや，空気に触れて酸化・変色しやすい食品は，料理する前に下処理をする。表4－9に，野菜・加工品の主な下処理の方法を述べる。

表4－9　野菜・加工品の主な下処理の方法

	食　　材	下処理の方法
アクを抜く	いも類（じゃがいも・さつまいも）	さつまいもは厚めに皮をむく。切ったら水に放つ。でんぷん質が流れ出して白く濁る。水洗いして調理する。
	なす	切り口が空気に触れると変色する。切ったらすぐに水に放つ。
	ごぼう・れんこん・うど	切り口が空気に触れると変色する。切ったらすぐに酢水（水400 mLに対して酢大さじ1くらい）に放して2～3分置き，よく水洗いして使う。
ぬめりを除く	さといも	厚く皮をむく。切り終ったらすぐに沸騰したお湯で5分程茹で，水に入れて，もみ洗いをしながら，表面のぬめりを取り除く。
	ながいも	皮をむいたら酢水に2～3分つけて表面のぬめりを取る。
下茹でする	根菜類・いも類（だいこん・にんじん・じゃがいも・さといも等）	かぶるくらいの水を入れて水から茹でる。茹であがったら，茹で汁を流す（茹でこぼしという）。
	緑色野菜（ほうれんそう・ブロッコリー・さやいんげん等）	沸騰したお湯の中に塩を加えて茹でる。
	れんこん・カリフラワー	白い野菜は，沸騰したお湯の中に酢やレモンを加えて茹でると白く茹であがる。
	しらたき・こんにゃく	アク抜きが必要なものは，調理に合わせた大きさに切り，沸騰したお湯の中に入れて2～3分煮る。凝固剤の水酸化カルシウムや臭みを除去する。
油抜き	油揚げ・揚げ物	油が酸化しているので熱湯をかけたり，熱湯にくぐらせて油を抜く。
湯むき	トマト	沸騰したお湯の中にくぐらすと，皮を簡単にむくことができる。すぐに冷水にとり，皮をむく。

（7）　だしのとり方

　料理の味は，調味料の配合にもよるが，だしを用いることでおいしさを増すことができる。ここでは，和風だしのとり方の基本を述べる。

1）　合わせだし

材　料（約 600 mL）

昆布	10 cm 角 1 枚	削りかつお	30 g	水	700 mL

作り方

①　昆布は乾いたふきんで軽くふく（表面の白い粉はうま味成分なので取らない）。鍋に水を入れ，30分ほど置いておく。

②　火にかけて沸騰直前に昆布を取り出す。

③　沸騰させ，水を 50 mL ほど入れて沸騰を抑える。削りかつおを一気に入れて沸騰直前に火を止める。

④　そのまま自然に沈ませる。沈んだら，静かに万能漉し器で漉す。

2）　煮干しだし

材　料（約 600 mL）

煮干し	15 ～ 16 匹	水	700 mL

作り方

①　煮干しは，はらわたや頭に苦味があるので取り除く。

②　鍋に水と煮干しを入れて中火にかける。沸騰したら弱火にしてアクを取り除き，そのまま 4 ～ 5 分煮る。

③　万能漉し器で漉す。

（8） 緑色野菜の茹で方

表4-10に，緑色野菜の茹で方を示す。

表4-10　緑色野菜の茹で方

	茹　で　方
アクの出る緑色野菜 （ほうれんそう・こまつな・ しゅんぎく・なのはな等）	①一株の太いものは，根元に十字の切れ込みを入れ，火の通りを早くする。 ②鍋にたっぷりのお湯を沸かし，沸騰したら塩を1Lに対して小さじ1杯の割合で入れる。根元から入れて，5秒ほど経ったら，全体を入れる。 ③再び沸騰してきたら，根元を持って裏返しして茹でる。 ④茹で上がったら，ボウルに水を入れておき，その中に入れる。水を何度か取り替えて手早く冷まし，根元をそろえて水気を絞る（緑の色出しができる）。食べやすい長さに切る。
アクの出ない緑色野菜 （ブロッコリー・いんげん ・絹さや等）	①食べやすい大きさに切る。 ②鍋に，野菜の量よりも少し多めのお湯を沸かす。沸騰したら，塩を加え，茹でる野菜を入れる。 ③軟らかくなったら，そのままざるに揚げる（茹でこぼす）。水気を切って冷ます。

（9） 食材の計量

食材を計量カップやスプーン，秤で正しく計ることは大切である。表4-11に，主な食品

表4-11　計量カップ・スプーンによる重量表（単位：g）

食品名 ＼ 計量器	小さじ 5mL	大さじ 15mL	カップ 200mL	食品名 ＼ 計量器	小さじ 5mL	大さじ 15mL	カップ 200mL
水・酢・酒	5	15	200	わさび（練り）・からし（練り）	5	15	—
食塩（精製塩）	6	18	240	カレー粉	2	6	—
あら塩（並塩）	5	15	180	小麦粉（薄力粉・強力粉）	3	9	110
しょうゆ（濃い口・うす口）	6	18	230	小麦粉（全粒粉）	3	9	100
みそ（淡色辛みそ・赤色辛みそ）	6	18	230	米粉	3	9	100
みりん	6	18	230	かたくり粉	3	9	130
砂糖（上白糖）	3	9	130	上新粉	3	9	130
グラニュー糖	4	12	180	コーンスターチ	2	6	100
はちみつ・メープルシロップ	7	21	280	ベーキングパウダー・重曹	4	12	—
油・バター	4	12	180	パン粉・生パン粉	1	3	40
生クリーム	5	15	200	すりごま・いりごま	2	6	—
マヨネーズ	4	12	190	練りごま	6	18	—
ドレッシング	5	15	—	粉ゼラチン	3	9	—
牛乳（普通牛乳）	5	15	210	煎茶・番茶・紅茶（茶葉）	2	6	—
ヨーグルト	5	15	210	抹茶	2	6	—
トマトピュレ	6	18	230	レギュラーコーヒー・純ココア	2	6	—
トマトケチャップ	6	18	240	米（胚芽精米・精白米・玄米）	—	—	170
ウスターソース	6	18	240	米（もち米）	—	—	175
中濃ソース	7	21	250	米（無洗米）	—	—	180

注：米（180 mL）の重量　胚芽精米・精白米・玄米：150 g/もち米：155 g/無洗米：160 g
　　：女子栄養大学で実測の上，キリのよい数字に丸めた目安量です。正確な栄養計算にあたっては5 mL重量表，
　　　15 mL重量表，100 mL重量表を参照するか，成分表備考欄に記載の比重から算出してください。

〔香川明夫監修：『八訂 食品成分表2022』，女子栄養大学出版部，裏表紙（2022）〕

の計量カップ・スプーンによる重量表を示す。図4－3に少量が測れる計量スプーン例を示す。従来の15 mL，10 mL，5 mLに加えて小さじ（5 mL）の1/2，1/4，1/8が測れる計量スプーンやミニスプーン（1 mL）が商品化されている。極少量はmgまで測れるデジタルキッチンスケールを用いるのが望ましい。

図4－3　計量スプーン例

計量スプーン：大さじ（15 mL），大さじ1/2（7.5 mL），小さじ（5 mL），小さじ1/2（2.5 mL），小さじ1/4（1.25 mL），小さじ1/8（0.6 mL）つき

（10）　調味料

　塩分の多いものに，塩・しょうゆ・みそ・ソースなどがあり，糖分の多いものに，砂糖・みりんなどがある。これらは料理の調味に使われる。人の味覚は，高齢になると閾値（味を感じることのできる最小値）が高くなり，濃い味に仕上げないとおいしさを感じなくなる。しかし，塩分や糖分のとりすぎによって，高血圧症や糖尿病をはじめとする既往症を助長することになり，注意が必要である。調理中の味つけは，さ（砂糖）・し（塩）・す（酢）・せ（しょうゆ）・そ（みそ）の順に入れると，内部まで味が浸透する。

　表4－12に「糖分と塩分の換算表」，表4－13に「料理法の違いによる調味量の配合割合」を示す。

6．配　膳

　盛りつけは，食器も含めて彩りよく，かつ長い間培われてきた伝統に従って，盛りつけることが大切である。図4－4に，和食の一汁三菜の配膳例を示す。和食では，米飯も含めて中鉢や小鉢に盛りつける料理は，こんもりと山盛りに盛りつけることが基本である。また，皮のついた魚料理や一尾魚には，裏と表がある。

中鉢・小鉢の盛りつけ方

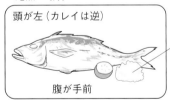

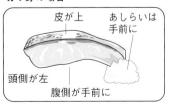

魚料理の盛りつけ方

図4－4　和食の配膳例

表4−12　糖分と塩分の換算表

糖分			塩分					
種類	小さじ （5mL）	大さじ （15mL）	種類	小さじ （5mL）	大さじ （15mL）	種類	小さじ （5mL）	大さじ （15mL）
上白糖	3g （糖分3g）	9g （糖分9g）	食塩・精製塩	6g （塩分6g）	18g （塩分18g）	淡色辛みそ （塩分12%）	6g （塩分0.7g）	18g （塩分2.2g）
みりん	6g （糖分2g）	18g （糖分6g）	うすくちしょうゆ （塩分16%）	6g （塩分0.96g）	18g （塩分2.88g）	西京みそ （塩分6%）	6g （塩分0.4g）	18g （塩分1.1g）
			こいくちしょうゆ （塩分15%）	6g （塩分0.9g）	18g （塩分2.7g）			
			減塩しょうゆ （塩分8%）	6g （塩分0.5g）	18g （塩分1.4g）			

※　砂糖1＝みりん3

※塩1＝辛みそ8＝甘みそ16

※塩1＝うすくちしょうゆ6＝こいくちしょうゆ7

〔香川明夫監修：『八訂 食品成分表2022』，女子栄養大学出版部，資料編 p.99（2022）をもとに作成〕

表4−13　料理法の違いによる調味料の配合割合〔重量に対する割合（%）〕

種類		方法	塩分			糖分			酒
			（%）	食塩	しょうゆ	（%）	砂糖	みりん	
焼き物	塩焼き（一尾魚）	塩を振って焼く	1〜3	1〜3	—	—	—	—	—
	塩焼き（切り身魚）	塩を振って焼く	0.5〜1	0.5〜1	—	—	—	—	—
	照り焼き	素焼きをし，たれをかけて2〜3回焼く	1〜1.5	—	8	4〜6	2〜3	8	5
	つけ焼	調味液につけ，味をつけた後に焼く	1〜1.5	—	8	4〜6	2〜3	8	8
	蒲焼き	素焼きし，たれをかけて照りを出す	1.5	—	10〜12	4〜6	2〜3	8	8
	みそ焼き	素焼きし，調味したみそをつけて焼く	（だし汁5）	みそ10			2〜3	3	—

〔実教出版編修部：『オールガイド 食品成分表2022』，実教出版，p.369（2022）をもとに作成〕

種類		衣の必要性	塩分			糖分		だし （さじ）	備考
			（%）	食塩 （さじ）	しょうゆ （さじ）	（%）	砂糖 （さじ）		
和え物の衣 （材料250gに対して／食塩は精製塩で計算）	白和え	絞った木綿豆腐120g（材料の50%，元の豆腐150g），あたりごま大さじ1)	衣の1	ミニ1/2強 0.7g	小1/2	衣の2	小1弱		
	ごま和え	白または黒ごま大さじ2〜3（材料の8〜10%）	材料の1		小2 1/2	材料の3〜5	小2 1/2〜4	（大1/2〜1）	
	酢みそ	大さじ1〜2	材料の0.9		赤みそなら大1[※1] 白みそなら大2[※2]	材料の4	大1強	大2	好みでからしを加える

※1　赤色辛みそは塩分13%，　※2　西京白みそは塩分6%

種類		酢		塩分			糖分			だし （さじ）
		（%）	（さじ）	（%）	食塩 （さじ）	しょうゆ （さじ）	（%）	砂糖 （さじ）	みりん （さじ）	
合わせ酢 （材料200gに対して／食塩は精製塩で計算）	二杯酢	6〜8	大1弱〜大1強	1	—	小2	—	—	—	小2〜大1
	三杯酢	6〜8	大1弱〜大1強	1	小1/4	小1/2	2〜6	小1〜大1/2	—	大1/2〜2/3
	甘酢	6〜8	大1弱〜大1強	0.8〜1	小1/4〜1/3	2.3滴	7	大1強	—	—

〔香川明夫監修：『八訂食品成分表2022』，女子栄養大学出版部，p.101（2022）をもとに上記2表を作成〕

（1） 残り物の保存

　調理や食事が済んでからの後片づけでは，調理して残ったものは，手を洗ってから清潔な容器で保存する。必ず冷ましてから蓋やラップをして密封し，冷蔵庫や冷凍庫に保存する。保存日を容器に明記し，なるべく早いうちに食べる。図4－5に，米飯と残っただし汁の冷凍の例を示す。

図4－5　米飯・だし汁の冷凍の例

（2） 食器・調理器具の洗浄

　洗い物は，節水，水質汚染などを考慮して行う。台所用洗剤には石けん，合成洗剤，クレンザー，重曹などいろいろな種類がある。いずれの商品も「家庭用品品質表示法」に基づき，品名，用途，液性，成分，使用上の注意などが表示されている。図4－6に，台所用合成洗剤の表示例を示す。使用量が適量であるときに最も洗浄効果が高く，多すぎると水質汚染や皮膚へ悪影響を及ぼす。用途に合わせて洗剤を選択し，使用量を守って使うことが大切である。洗い物は，基本的には次のように行う。

① 油汚れや汚れがひどい場合は，新聞紙や不要になった布切れなどで汚れをふき取ってから洗う。油は直接流さない。

② 洗剤が不要な汚れには，洗剤を使用しない。ご飯やうどんなどの糖質の汚れは，お湯または水につけて置き，ふやかしてから洗うと落ちやすい。

③ 油汚れなどで合成洗剤が必要なものは，洗い桶や大きなボウルに洗剤を溶かして洗う。その後，ためすすぎなら2回，流水すすぎでは5秒以上器具全体に水を当てて洗剤をよく落とす。鍋類のこげやコンロのしつこい汚れは，クレンザー，重曹，石けんつきアルミたわしなどできれいに洗う。

④ すすいだ食器・調理器具は，乾いたふきんで水分をよくふき取り，乾燥させてから元あった場所に収納する。

　使ったふきんやぞうきんは，別々に石けんでよく洗う。ふきんは，沸騰消毒を5分以上すると殺菌効果がある。

品　名	台所用合成洗剤
用　途	野菜・果物・食器・調理用具用
液　性	中性
成　分	界面活性剤（26％，アルキルエーテル硫酸エステルナトリウム，アルキルベタイン，洗浄補助剤，安定剤）
正味量	450 mL
使用量の目安	水1Lに対して0.75 mL（料理用小さじ一杯は約5 mL）
使用上の注意（抜粋）	・野菜・果物を洗うときには5分以上つけたままにしない。 ・流水の場合，食器および調理器具は5秒以上，野菜・果物は30秒以上，ため水の場合は，水を替えて2回以上すすぐ。 ・荒れ性の方や，長時間使用するとき，また原液をスポンジに含ませて使用するときは，炊事用手袋を使用する。 ・使用後は手を水でよく洗いクリームなどで手入れする。

図4－6　台所用合成洗剤の品質表示例

（3）　ごみ処理

　ごみ処理も大切な後片づけである。家庭から出るごみの内訳は，生ごみ，プラスチック類と紙類が各3割を占めている。循環型社会形成のために3R運動〔Reduce：廃棄物の発生を抑制し，省資源化を図る（消費者の立場でいえば，必要以外のものは買わない），Reuse：再利用する，Recycle：再資源化する〕が推進されている。ごみ問題は，国・自治体・事業者・消費者すべてが協働して対応していかなければ解決できない。

　ごみは可燃ごみ，不燃ごみ，リサイクルごみに大別される。生ごみは，可燃ごみになっている。水気をよく取り，かつ量を減らして出すことが大事である。すすいでも汚れが落ちない容器包装プラスチック，食品保存容器，プラスチック製スポンジなども，高温加熱処理できる自治体では可燃ごみとなる。陶器やガラスコップ，鍋類などは，不燃ごみである。一方，平成18年に改正容器包装リサイクル法（正式な法律名は，容器包装に係る分別収集及び再商品化の促進等に関する法律）が成立し，平成20年度から完全施行されている。ガラス製容器，ペットボトル，紙製容器包装，およびプラスチック製容器包装の4種類にリサイクルが義務づけられた。紙製容器を除くこれらのごみは，① 汚れ・油分を落として出す，② 汚れが落ちないものは，燃やすごみとして出す，③ 商標ラベルや値札シールは，できるだけはがして出す，④ びん・缶・ペットボトル類は軽くすすいで出す，⑤ 紙製容器包装は縛って出すことがルールである。

　ごみの収集は，自治体が行っている。消費者は自治体のルールに従ってごみを分別し，決められた日時に決められた場所に，または一定の回収場所（リサイクル品の回収協力店，スーパーなど）に出さなければならない。それまでは，自宅管理になるため，生ごみはもちろんのこと，食品容器などは腐敗菌が増殖しやすいため，空気を少なくする，菌の栄養となる食品を残さないように洗うなど，衛生管理をきちんとすることが大切である。

5 | 介護現場での食生活支援と調理

1. 介護の場面での食生活支援と調理

　高齢化が進展する我が国では，高齢者の介護を社会全体で支える仕組みとして公的介護保険制度が整えられ，在宅から施設まで，訪問系，通所系，短期滞在系，居住系，入所系の介護保険サービスに体系化されている。それぞれのサービスに対する介護報酬は定期的に見直され，令和3年度介護報酬改定（厚生労働省）においては，介護保険施設における栄養ケア・マネジメントの取組を一層強化する観点から，栄養マネジメント加算等の見直しが行われた。特に，低栄養状態にある高齢者または低栄養状態のおそれのある高齢者の栄養状態の改善を図る取組については，強化加算（栄養改善加算）が新設され，基本サービスとして行うこととなった。

　表5-1に示すような低栄養状態のリスクの判断基準が厚生労働省より示されている。介護福祉士やケアワーカーは，低栄養のリスクが中リスクおよび高リスクの該当者への対応として，多職種が共同して行う栄養ケア計画の作成に参画するようになった。また，低栄養状態のリスクにかかわらず各入所者の状態に応じて低栄養状態の予防・改善を図り，自立支援・重度化防止を推進することが求められている。具体的には，食事形態，栄養補助食品，嚥下゙・咀嚼゙の状態の把握方法，食環境，食具について検討する。同時に入所後は食事介助および支援を行い，体重の増減，体調の変化の確認，さらには，食事介助の際には摂食動作と摂取量の確認，問題点がみられた場合には関連職種との情報共有を行うことが求められる。

　厚生労働省では，前記の観察結果を活用する方法として，科学的介護情報システム（LIFE：

表5-1　低栄養状態のリスクの判断基準〔栄養スクリーニング・アセスメント・モニタリング（様式例）〕

リスク分類	低リスク	中リスク	高リスク
BMI	18.5 〜 29.9	18.5 未満	
体重減少率	変化なし （減少3%未満）	1か月に3〜5%未満 3か月に3〜7.5%未満 6か月に3〜10%未満	1か月に5%以上 3か月に7.5%以上 6か月に10%以上
血清アルブミン値	3.6 g/dL 以上	3.0 〜 3.5 g/dL	3.0 g/dL 未満
食事摂取量	76 〜 100%	75%以下	
栄養補給法		経腸栄養法 静脈栄養法	
褥　瘡			褥瘡

＊ すべての項目が低リスクに該当する場合には，「低リスク」と判断する。高リスクに一つでも該当する項目があれば「高リスク」と判断する。それ以外の場合は「中リスク」と判断する。BMI，食事摂取量，栄養補給法については，その程度や個々人の状態等により，低栄養状態のリスクは異なることが考えられるため，対象者個々の程度や状態等に応じて判断し，「高リスク」と判断される場合もある。　　　　　　　　　　（厚生労働省）

Longe-term care Information system For Evidence）による科学的介護を推進している。LIFE は，介護サービス利用者の状態や介護施設におけるケア計画・内容についてインターネットを通じて厚生労働省に送信すると，入力内容が分析されて当該施設にフィードバックされる情報システムであり，施設においてケアプランに関する PDCA サイクルを回すために活用するツールとすることが想定されている。施設で提供する食事の基準を決める栄養カンファレンスにおけるケアプランに基づく栄養ケア・マネジメントの流れを図 5 − 1 に示す。

（1） 施設と在宅での調理活動の支援
1） 施設の場合

　大規模施設と小規模施設では，必要とされる調理活動の支援の内容も異なっているが，近年，それぞれの必要性に応じた改善が進められてきている。

　病院や福祉施設などでの大量調理の計画生産を行うための調理システムの 1 つとして，「ニュークックチルシステム」が開発された。これは，加熱調理した料理を調理後 30 分以内に冷却開始し，90 分以内に中心温度 3℃ 以下まで冷却して，チルド状態のまま盛りつけを行い，保管し，食事時間から逆算して，盛りつけをした状態で再加熱を行い提供するシ

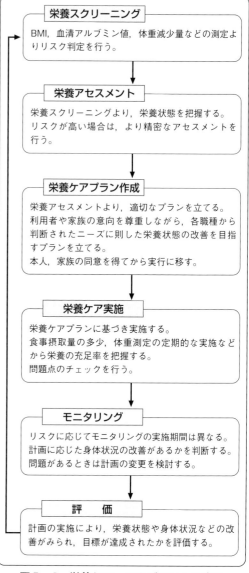

図 5 − 1　栄養ケア・マネジメントの流れ

ステムである。従来の「クックチルシステム」はチルド状態での盛りつけはなしで，そのまま保管し，再加熱後に盛りつけをしていた。ニュークックチルシステムは再加熱終了から提供までの時間が短く，加熱後に人の手が加わることがないので，食中毒などのリスクを低減し，より高い安全性を確保することができる。また施設では，普通食に加えて，療養食加算ができる療養食として糖尿病食，腎臓病食，肝臓病食，胃潰瘍食，貧血食，膵臓病食，脂質異常症食，痛風食，特別な場合の検査食を提供する必要があり，多岐にわたる作業の効率化という観点からも利点があり，導入されている。

　従来の特別養護老人ホーム（特養）では複数人部屋を基本として数十人の集団生活が主流であったが，近年，新しいタイプの特養として，「小規模生活単位型特別養護老人ホーム」（ユニット型特養）が制度化された。加えて，施設整備費補助金制度が導入されたこともあり，入

居者の QOL 向上を目指し，ユニットケア型（生活単位と介護単位を一致させたケア）への移行が進みつつある。ユニットケアの有効性に関しては，入居者の認知症の進行を緩和する，共有リビングでの滞在時間が増加した，食欲が増進した，コミュニケーション量が増加した等の事例がある。ユニット型特養では，ユニット内調理を導入している施設も多い。入居者の身近な場所で調理作業がなされることにより食事に関する意思表示が増えるなどの食行動の改善が身体状況や精神状態の改善につながり，入居者の QOL 向上が認められるなどの有効性が報告されている。

　一方，要介護度の低いグループホーム，ケアハウス，デイサービスなどでは，日常の生活活動やレクリエーション活動の一環として調理活動が取り入れられている例もある。このような調理活動は，調理計画への参加に加えて食事の準備や片づけに職員とともにかかわることができ，入居者の認知症予防効果，情緒の安定が期待できる。

　以上，施設における食事の提供方法と利用者の調理活動について述べたが，施設によって調理活動はさまざまである。介護職は，それぞれの施設の調理システムや特徴を理解し，他職種との連携を図りながら食生活・調理活動を支援することが求められる。

● コラム　生きてて良かったよ，あんちゃん… －施設編－

　「バカヤロー！　こんなもの食えるかーっ！」
　今日もまた，食堂にＡさんの怒声が響き渡ります。Ａさんは 70 歳代の男性で，施設に入所してきてから数か月。発する言葉は極めて乱暴，背中には大きな入れ墨があり，周囲の人を寄せつけない雰囲気の方でした。入所以来，なぜか施設の食事はほとんど口にせず，徐々に体調が悪化していました。私たちは栄養士も交えて何度も対応を検討しましたが，状況は全く変わりませんでした。
　ある夜，夜勤だった私が，Ａさんのお部屋に伺うと，Ａさんはじっと天井を見つめていました。私はＡさんの近くの椅子に座り，「Ａさん，私は絶対に約束を守りますので，何か食べたいものを言ってみてください」と，そっと声をかけてみました。するとＡさんは，ニヤリと不敵な笑みを浮かべ，「本当かお前？　じゃあ，焼肉を食いに連れて行け。そしたら肉でも野菜でも食うぞ！　まあ，どうせ連れてってくれないだろうから，言っても無駄だけどな！」と言うのです。当時，その施設では，職員と利用者が外食した前例はなかったために，反対意見が大多数でしたが，最終的には上司の理解を得ることができ，Ａさんは，私と一緒に念願の焼肉屋に行けることになりました。
　そして，その日がやってきました。さっそく二人で焼き始め，そろそろ食べ頃かなと思ったとき，Ａさんが一言，「生きてて良かったよ，あんちゃん…」とつぶやきました。目からは，大粒の涙がボロボロとこぼれていました。そして，「こんな不自由な体になってしまって，人の世話になりながら生きるのがイヤだったから，施設に入ってからは何度も死のうと思った。飯を食わなければ死ねるかと思って，飯も食わなかったんだ。今日はありがとうな」とおっしゃいました。
　専門職には，専門的な知識や技術が不可欠です。しかし，それと同じくらい，利用者の「思い」を読み取る感性も大切です。Ａさんの「こんなもの食えるかーっ」という訴えの本当の意味は，「おいしいご飯を食べたい」ということではなかったのです。

2) 在宅の場合

在宅での食生活は，利用者の身体状況，生活環境，調理技術，調理経験などによって大きな違いがあることが問題となってきたが，近年，配食サービスの弁当などの活用によって，在宅での介護の負担が軽減してきている。配食事業に関しては，厚生労働省により，「地域高齢者等の健康支援を推進する配食事業の栄養管理に関するガイドライン」が示され，本格的な普及啓発がなされている。多種類の療養食だけでなく，物性等の調整食として硬さ，付着性・凝集性等に配慮したものとしてペースト・ムース食，ソフト食，あるいは軟菜の工夫を行っている事例も紹介されている。また，ガイドラインでは配食注文時，継続時のアセスメントとして，身長，体重（過去6か月の体重変化を含む），BMI，主な既往歴，現疾患，食事療法の要否，服薬の状況，摂食嚥下機能，食品摂取の多様性，アレルギーなどの確認が必須項目としてあげられている。配食サービスでは，弁当の受け渡し時での安否確認，また引き取り時での喫食量による身体状況の確認ができることや，介護保険での栄養指導と連携することにより低栄養状態

● コラム 人生最後の食事「焼き鳥シチュー」−居宅編−

ハマさんとテツさんは，共に82歳の夫婦です。夫のテツさんは全盲，奥さんのハマさんもほとんど見えていません。そんな2人のもとに，ハマさんと一緒に食事を作るというプランで，ヘルパーとして伺うことになりました。

昼近くにヘルパーが訪問すると，2人で朝からケンカしながら考えたという特別のメニュー（といっても昼は蕎麦で，夜は煮魚とおひたし程度のものですが…）を伝えてくれます。

ヘルパーの包丁の音に合わせてテツさんが歌うと，ハマさんが笑顔で手拍子を打ちます。調理の途中で味見をしていただきますが，はじめの味見はハマさん，そして出来上がる寸前にはテツさんが味見をします。おいしくできると，テツさんは必ず奥さんのハマさんに，「これはおいしいなぁ」と声をかけます。味が足りないときは，「ばあさん，もうちょっとだね」と言い，ハマさんがヘルパーに何を足すかを伝えます。調理のほとんどをするのはヘルパーなのですが，下ごしらへの簡単なところをし，味を決めて調理に参加し，妻として夫に手料理を食べさせているのは，ハマさんなのです。2人にとってヘルパーが調理する時間は，単に食事の確保のためだけの時間でなく，人とかかわる時間，笑いのある夫婦水入らずの大切な時間でした。そうして2人はヘルパーと上手に付き合いながら，自分たちの生活を楽しんでいました。

そんなある日，ハマさんがめずらしくクリームシチューが食べたいと言いました。しかし，お肉がない…，買い物もプランにはない。何かないかと乾物の戸棚を開けると，調理済みの焼き鳥の缶詰が目にとまりました。ちょっと焦げた味のするクリームシチューができましたが，ハマさんは，「おいしい！　ありがとねぇ」と満面の笑顔でした。

翌日も訪問すると，いつもの席に座ったテツさんがポツリと，「ごめんね，ばあさん逝っちゃったから，今日はご飯はいらないんだ」と言いました。心筋梗塞だったそうです。

たかが調理，されど調理なのです。あなたは人生最後に何を食べたいですか？　何を食べさせたいですか？　あなたにとっての毎日の食事を考えてみてください。どんなことを支援したらいいか，どうかかわればいいかが見えてきませんか？

改善など重症化予防につながるメリットがあることが指摘され，期待されている。配食サービスは，現在は，介護保険の適用外であるため基本的に全額自己負担であるが，自治体によっては費用の一部を負担している場合や地方自治体が運営する配食サービスもあり比較的安価で利用できる場合もある。また，日本栄養士会が認定する，食・栄養の専門職である管理栄養士・栄養士が所属する地域密着型の拠点である栄養ケア・ステーションを活用して，在宅訪問栄養相談やコンサルティングなどのサポートを受けることもできる。地域包括ケアの一員として，栄養士の役割が広がっていく中で，介護福祉士やケアワーカーと栄養士との連携が重要になってくる。

（2）基本的な食事作りの援助過程

「日本人の食事摂取基準（2020年版）」では，それまで，65歳以上としていた高齢者の定義をさらに細分化して，高齢者を65～74歳（前期高齢者），75歳以上（後期高齢者）の2つに区分した。高齢者，特に後期高齢者は個人差が大きく，実年齢と身体状況が一致しない場合があり，食事支援のための栄養アセスメントが一層重要となっている。栄養アセスメントとしては以下の項目があげられる。

① 利用者の身体状況〔BMI（表5－2参照），体重減少率，血清アルブミン値〕，食事摂取状況（食習慣を含む），摂食・嚥下機能状況。なお，身長がわからない場合は身長の予測例として以下の簡便な方法がある。

男性：115.3 +（1.13 ×膝高 cm）−（0.12 ×年齢）

女性：123.9 +（1.20 ×膝高 cm）−（0.40 ×年齢）

表5－2 目標とするBMI（50歳以上）

年齢	目標とするBMI（kg/m²）
50～64	20.0～24.9
65～74	21.5～25.9
75以上	21.5～24.9

〔厚生労働省：「日本人の食事摂取基準（2020年版）」，（2019）〕

② 疾病の種類と程度，服薬状況（禁忌となる食品），食物アレルギーなど。

③ 生活環境，予算，調理経験，食材を主に購入する店との距離。

以上のアセスメントに基づいて，年齢，性別，日常の生活強度を勘案し，「食事バランスガイド」（厚生労働省・農林水産省，2005年，p.52）などを使用して主食，主菜，副菜を決める。具体的には，なるべく3食均等になるようにすること，多品種から摂取すること，主菜は1食に偏らずに3食に分けて摂取することなどが指針となる。本人の嗜好，今までの食習慣は特に重要であり十分に考慮する。

2．実際の調理支援にあたって

（1）訪問介護における「買い物」サービス

　訪問介護における「買い物」サービスは，介護保険事業の生活援助の一つとして位置づけられているもので，介護認定により要支援，要介護と認定された利用者が，居宅で自立した日常生活を維持し続けるために必要なサービスである。

　介護保険適用内でこの「買い物」サービスを実施するには，① 利用者が自力で買い物が困難なこと，② 日常生活を送るうえで必要不可欠な買い物であること，③ 利用者本人に必要な買い物に限られること，④ 介護計画（ケアプラン）に沿った買い物であることなどが要件となっている。

　これらの要件を満たさない場合，介護保険適用外（自費）で，地域の独自サービスとしての社会福祉協議会や NPO 等による買い物サービスの利用のほか，民間企業（ネットスーパー，宅配サービス等）の買い物サービスの利用が考えられる。

　なお，介護保険適用の「買い物」サービスには，利用者に訪問介護員等が付き添っていく「買い物同行」（身体介護）と，訪問介護員等が買い物に行く「買い物代行」（生活援助）がある。

（2）　調理支援のための「買い物」サービスのポイント

　ここでは，生活援助としての「買い物代行」サービスのうち，特に調理支援のための「買い物」サービス実施のポイントについて述べていく。

1）「買い物代行」のための情報の事前確認について

　「買い物代行」を実施するためには，① 日常的な買い物の状況（誰が買い物に行っているか，誰が買ってきた食材を冷蔵庫に入れているか，誰が買い物の金銭管理をしているか等），② 日常的な買い物の環境（「生活援助」のサービス時間内で食材を買い回りできる店があるかどうか，ネットスーパー等を利用しているか，金銭授受の具体的方法等）などの情報を事前に確認・把握しておく必要がある。

2）「買い物代行」の実施手順

　ケアプランにより計画された調理支援のための「買い物代行」サービス実施は，以下のような手順で行われる。

　① 利用者の意向〔調理内容，食材等（商品名，メーカー，金額，数量等）や購入する店〕を把握する→ ② 必要最小限の代金を預かる（金銭授受の記録）→ ③ 買い物を実施する→ ④ 帰宅後，購入品のレシートとおつり，買い物内容を利用者に確認する（金銭授受の記録）。

（3）　調理中の注意

　実際の調理支援では，効率的で安全に作業することが重要であり，調理支援のための身支度や準備，後片づけに関しては，3章－1（p.15），4章－4（p.26），4章－5（p.27～），4章－7（p.37～）に記載されている。

　施設や在宅で調理活動を支援する際は，衛生管理，食中毒の予防も重要である。調理支援では，日頃から食中毒予防のポイントを把握しておく必要がある（表5－3）。

表5－3　食中毒を防ぐポイント

①食品の購入	・食品購入の際は，消費期限等を確認し，可能な限り新鮮なものを購入する。肉，魚，野菜等は特に注意する。 ・生鮮食品等など冷蔵や冷凍等の温度管理の必要な食品の購入は，買い物の最後にし，購入したら早めに帰る。
②家庭での保存	・冷蔵や冷凍の必要な食品は，持ち帰ったら，すぐに冷蔵庫や冷凍庫に入れる。 ・冷蔵庫や冷凍庫は，7割程度とし，詰めすぎに注意する。 ・冷蔵庫は10℃以下，冷凍庫は-15℃以下に維持する。
③下準備	・ごみはこまめに捨てる。 ・タオルやふきんは清潔なものと交換する。 ・こまめに手を洗う。 ・生の肉や魚等の汁が，生で食べる物や調理の済んだ食品にかからないようにする。 ・生の肉や魚を切った包丁やまな板は，洗ってから熱湯をかけたのち使うことが大切である。 ・冷凍食品等の解凍は冷蔵庫の中や電子レンジで行う。
④調理	・手を洗う。 ・加熱して調理する食品は十分に加熱する。 ・電子レンジを使う場合は，電子レンジ用の容器，蓋を使い，調理時間に気をつけ，熱の伝わりにくい物は，時々かき混ぜる。
⑤食事	・食事の前には手を洗う。 ・清潔な手で，清潔な器具を使い，清潔な食器に盛りつける。 ・調理前の食品や調理後の食品は，室内に長く放置しない。
⑥残った食品	・残った食品を扱う前にも手を洗う。残った食品はきれいな器具，皿を使って保存する。 ・時間が経ち過ぎたら，思い切って捨て，口に入れるのは，やめる。

(厚生労働省：「家庭でできる食中毒予防の6つのポイント」パンフレットを参考に作成)

　調理支援では，本人の体調や食べ方などを考慮して，希望するメニューや味つけ，食材の切り方といった，本人のこだわりを大事に調理することが求められ，限られた時間内に調理して後片づけまでが効率的に行えるように工夫が必要である。

（4）　調理器具の後片づけ，掃除

　調理作業に伴って，台所空間の汚れを掃除し，食品などのごみを処分することが必要になる。台所は，食品カスや調理に伴う熱，臭気などに伴う汚れが多く，日頃の掃除もていねいに行う必要がある。使用後の調理器具は，材質を確認して，洗浄・殺菌・乾燥を行い，清潔な場所に保管する。掃除は，身体状況に応じて自助具なども工夫して使い慣れた道具を使い，適切な洗剤を効果的に利用する。洗剤類は，品質表示等をよく読んで利用する。調理台周辺やシンク回りを整理整頓し，常に衛生的に食材を扱える環境を整える必要がある。

6 | 介護食の調理

1. 介護食の調理とは

（1）介護食とは

　毎日の食事には，健康の保持や増進をはじめ，生活を豊かにするなど，さまざまな機能がある。本章での介護食とは，在宅や施設などの介護現場で，提供されている食事をいう。要支援・要介護となった高齢者や障害者は，高血圧症などの生活習慣病や手足の麻痺症状，咀嚼・嚥下の障害がある場合が多いため，個々の身体状況に合った食事を提供する必要がある。

　介護保険で食に関するサービスを提供する際には，主治医の意見書などをもとに，利用者の生活習慣病などの持病や障害の有無，咀嚼・嚥下の状態，入れ歯（部分入れ歯，総入れ歯），食物アレルギーの有無，栄養状態などをはじめ，好きな食べ物や苦手な食べ物等について，本人や家族から情報収集を行う。この内容をもとに栄養アセスメントを作成し，医療職・介護職などの多職種が連携し，身体状況に応じた献立や食材，調理形態，量などを調整する。

　その際，摂食嚥下の状態や対応については，日本摂食嚥下リハビリテーション学会の嚥下ピラミッドの区分基準（2021年改定）をもとに，介護職，医療職，管理栄養士などが検討を行う。実際には，表6-1に示すように，栄養アセスメントをする際の食生活状況などの項目欄に，「嚥下調整食の必要性の有無」があり，図6-1のコード（0～4の5段階）やとろみ（薄い・

表6-1　栄養アセスメントと嚥下調整食

	栄養補給の状況	食事摂取量　　　％ ・主食の摂取量　　　％ ・主菜・副菜の摂取量　　　％ 　　　　主菜　　　％　　副菜　　　％ ・その他（補助食品など）（　　　　）
食生活状況等	必要栄養量	エネルギー　　　kcal　　たんぱく質　　　g
	食事時の摂食・嚥下状況	（姿勢・食べ方・むせ等）
	嚥下調整食の必要性の有無	有□　　　無□ コード〔　　　　　　〕 とろみ*　□薄い　□中間　□濃い
	その他の食事上の留意点	（療養食の指示，嗜好，禁忌・アレルギーなど） □無　　□有
	食欲・食事の満足度 食事に対する意識	〔　　　　　　〕 〔　　　　　　〕
	その他（食習慣・生活習慣・食行動など留意事項）	

＊　薄い：ポタージュ状，中間：シロップ状，濃い：マヨネーズ状

（厚生労働省：『『栄養スクリーニング・アセスメント・モニタリング（施設）』の様式例』より抜粋）

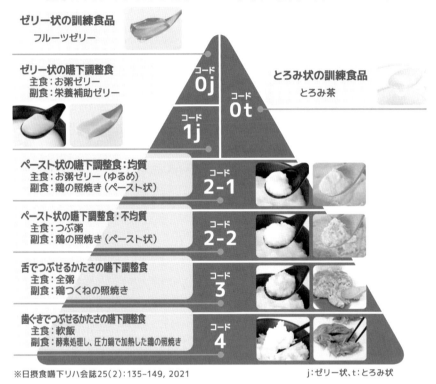

嚥下調整食の分類（学会分類2021（食事））のイメージ

数字が大きくなるほど、食べられる性状の範囲が広くなります。

ゼリー状の訓練食品
フルーツゼリー

ゼリー状の嚥下調整食
主食：お粥ゼリー
副食：栄養補助ゼリー

コード
0j

コード
0t

とろみ状の訓練食品
とろみ茶

コード
1j

ペースト状の嚥下調整食：均質
主食：お粥ゼリー（ゆるめ）
副食：鶏の照焼き（ペースト状）

コード
2-1

ペースト状の嚥下調整食：不均質
主食：つぶ粥
副食：鶏の照焼き（ペースト状）

コード
2-2

舌でつぶせるかたさの嚥下調整食
主食：全粥
副食：鶏つくねの照焼き

コード
3

歯ぐきでつぶせるかたさの嚥下調整食
主食：軟飯
副食：酵素処理し、圧力鍋で加熱した鶏の照焼き

コード
4

※日摂食嚥下リハ会誌25（2）：135–149, 2021

j：ゼリー状、t：とろみ状

図6－1　嚥下調整食の分類

（株式会社フードケアより提供）

中間・濃い）を記入することで，情報共有を行っている。

（2）咀嚼障害・嚥下障害と介護食

1）咀嚼障害と介護食

　咀嚼とは「食べ物を口の中でよく噛み砕き，味わうこと」をいい，咀嚼力は歯などの口腔環境と深い関係がある。例えば，成人の永久歯は上下各16本で32本だが，70歳時の平均は20本で，「8020運動」の目標のように，80歳で20本以上の残歯があることで，咀嚼力の大幅な低下を防ぐことができる。そのほかにも，咀嚼という行為は，私たちの食生活に，さまざまな影響を与えている。具体的な役割として，食べ物をよく噛んですりつぶし，唾液と混ざって粥状にすることで，誤嚥を防いで，胃腸の消化機能を助けたり，よく噛むことで大脳の満腹中枢に刺激を与え，過食を防いだりすることなどがあげられる。

　しかし，高齢者は加齢とともに，咀嚼が困難になることが多い。この場合の咀嚼障害とは，歯を中心とする口腔環境が義歯・喪失歯の増加や入れ歯の装着などに伴い，食物を噛み砕く力が低下することをいう。一般に，総入れ歯を装着した高齢者の咀嚼力は健康な口腔環境の人の半分以下になる場合もあるといわれている。このため，歯ぐき（スプーン）でつぶせる硬さを

目安に，次のような調理の工夫を行う。

①　れんこんやごぼうなどの根菜類やいも類は小さめに切り，軟らかく煮る。

②　もちなど粘りのある食品は食べやすい大きさに切ったり，食材を替える。

③　肉類は叩いて筋繊維を軟らかくし，一口大に切る。肉に片栗粉などのでんぷんをつけて茹でたり，調味液で煮て，とろみをつけることで，咀嚼や嚥下をしやすくする。

④　青菜などの野菜や麺類は一口で食べられる長さに切る。調味液で煮て，とろみをつける。

⑤　魚料理は骨をはずし，ほぐす。調味液で煮て，とろみをつける。

また，できた料理を素材ごとに取り分けて，きざみを入れたり，後からとろみをつけるという方法もある。さらに，このような料理を彩りよく盛りつけることで，食欲が増進するよう配慮する。その一方，きざみを入れた料理を提供することが，利用者の尊厳を傷つけることがある。このような場合では，配膳時にほかの利用者と同じ料理を提供し，許可を得たうえで，きざみを入れたり，とろみをつけるなどの配慮を行う。

2）　嚥下障害と介護食

嚥下とは「飲食物を飲み込むこと」をいい，嚥下障害とは「疾病や老化などによって，嚥下運動にかかわる神経や筋肉に何らかの障害が生じ，飲食物の咀嚼や飲み込みが困難となること」をいう。一般的な摂食・嚥下の過程は，先行期（食べ物を見て，咀嚼や唾液分泌等の準備を行う），準備期（口腔内に食べ物が入り，噛むことで唾液と混ざって食塊を作る），口腔期（舌の運動で咽頭に送る），咽頭期（嚥下反射が誘発されてから，食塊が咽頭を通過し，食道に送る），食道期（食道の蠕動運動によって食塊を胃に送りこむ）の5段階からなる。

嚥下障害者は，汁物や飲み物，料理を食べるときに，口腔内の食べ物が食道ではなく気道に入ってしまう誤嚥を起こすと，せきこんだり，むせたりし，中には気管まで入り肺炎を起こすこともある。このため，嚥下障害者には，食べ物がのどを滑らかに通過できるよう，寒天やゼラチン，片栗粉などのでんぷん，とろみ調整食品（とろみ剤）を用いて，口の中でまとまりやすくするとともに，のどへ流れるスピードを遅くすることで，嚥下しやすくする。

とろみ調整食品は飲み物・汁物にとろみをつける場合をはじめ，きざみ食が口中でばらばらにならないようにとろみをつける場合にも用いられる。種類や使う量によって，とろみ状態を調整することができるが，果物ジュースのような酸性の飲み物はとろみがつきにくく，牛乳等ではとろみが濃くなりやすいなどの特徴を理解して用いることも大切である。また使用する際は，とろみ調整食品を混ぜて何分後に適正な濃度になるかを知っておくべきである。

なお，料理や食品の嚥下しやすい物性として，① プリンやゼリー状（たまご豆腐やゼリー），② ポタージュ状（スープ），③ 粥状，④ ペースト状，などがあげられる。一方，のど（咽頭）に張りついて誤嚥を起こしやすい食べ物としては，① 水分量の少ないもの（焼き魚，かまぼこ，もち，カステラ，パンなど）と，② 繊維の多いもの（たけのこ，もやし，海藻など）があり，食材や調理方法を選ぶ際には，気をつけなくてはならない。

（3）介護食の種類と調理方法

介護食の主な調理形態には，常食，きざみ食，軟菜食・ソフト食，ペースト食・ミキサー食などがある。図6－2は，実際に高齢者福祉施設で，提供されている食事を調理の形態別にま

とめたものである。

　常食は，先に述べた高齢者の加齢に伴う心身の状態に応じたもので，米飯が軟飯となったり，主食・副菜共に，高齢者や障害者が食べやすいよう工夫がされている。

　きざみ食は咀嚼力低下の状態に応じて，荒きざみ（1〜1.5cmくらい）や極きざみ（みじん切り）などに料理をきざんだ調理法であり，嚥下障害のある場合はかえって誤嚥をおこすこともあるので，観察が大切である。きざみ食で気をつけるポイントとして，誤嚥の原因になったり，歯に残って虫歯になるなどの可能性があり，嚥下の状態に応じて，とろみ調整食品や片栗粉などで，とろみをつけて嚥下しやすくすることがあげられる。

　軟菜食・ソフト食は，食材や切り方，調理方法などを工夫し，舌で簡単につぶせるように軟らかくした料理をいう。見た目は常食のイメージに近いために，食欲の減退も少なく，食べ物を噛み砕くのが難しい利用者にとって勧められる調理方法である。その特徴として，おいしそうな見た目や香り・味であること，しっかりと形があり口の中に取り込みやすく，咀嚼しやすいこと，口の中でバラバラにならず，舌でつぶせる硬さや軟らかさで，まとまりがあること，スムーズに嚥下ができ，飲み込みやすいこと，などがある。特に軟菜食は，常食と同じ食材を，切り方や調理時間の工夫，圧力鍋の利用で軟らかく調理することで，歯ぐきでつぶして食べられる食事である。ソフト食は，とろみ調整食品，寒天，ゼラチンを加えて，形を整えて固めることもある。

　なお，寒天はてんぐさ，おごのりなどの海藻が原料で，100℃近くまで加熱した液体に溶けて，常温でも固まるという特徴がある。介護用寒天は通常の寒天に比べて軟らかく滑らかな食

① 常食

② きざみ食（写真は極きざみ）

③ 軟菜食・ソフト食

④ ペースト食・ミキサー食

図6-2　介護施設での調理形態別にみる献立例

左手前：栗ご飯　右手前：中華スープ　中央：野菜と肉団子の甘酢あんかけ　左奥：ナムル
右奥：油揚げと舞茸の旨煮和え　　（資料提供：社会福祉法人　まごころ　まごころタウン静岡）

① 主食（栗ご飯）

左上：常食　右上：きざみ食
左下：軟菜食・ソフト食
右下：ペースト食・ミキサー食

② 主菜（野菜と肉団子の甘酢あんかけ）

左上：常食　右上：きざみ食
左下：ペースト食・ミキサー食
右下：軟菜食・ソフト食

③ 副菜（ナムル）

左上：常食　右上：きざみ食
左下：ペースト食
右下：軟菜食・ソフト食

④ 食パン・パン粥（6枚切り1枚）

左上：常食用　右上：きざみ食
手前：パン粥
（パン粥は荒みじん切り1枚に牛乳50mL
と水100mLを加えて電子レンジで1分
加熱または鍋で煮込む）

図6-3　料理別にみる調理形態

感になる。ゼラチンは動物の骨や皮に多く含まれるコラーゲンというたんぱく質から作られたもので，口腔内の温度で溶けることから，ゼリー食に用いられる。液体にふり入れると膨張し，加熱し溶けたところで，型に入れて冷蔵庫などの低温（8～5℃）で固まる。とろみ調整食品は，利用者の状態に応じて「とろみ」の濃さを，薄い・中間・濃いの3種類に調整する。またとろみ調整食品の使用では，水分を含んで容積が増える膨潤と，膨潤したとろみ調整食品が均一になるよう撹拌するプロセスがある。とろみ調整食品は膨潤して固まりやすくなるので，膨潤と撹拌を一回で行う場合は，液体に直接とろみ調整食品を少しずつふり入れて，小さな泡だて器や柄の長いスプーンで30秒程度均一になるまで混ぜると良い。現在は，でんぷん系・グァーガム系・キサンタンガム系の3種類のとろみ調整食品があり，近年ではキサンタンガム系が主流に使われている。

　ペースト食・ミキサー食とは，料理をだし汁や水分とともにミキサーにかけてポタージュ状にしたもので，軟菜食・ソフト食の摂取が困難な場合に提供される。ポイントとして，個別の食材をミキサーにかける場合に手間がかかること，料理全部をミキサーにかけると見た目も変わっておいしさを感じにくいこと，ミキサーにかける前の食事を見せてメニューを伝えること，通常食よりも量が多くなることなどがある。

　これらのポイントを押さえて，介護食の調理方法に関する理解を深めていきたい。

2. 介護食における形態別調理の基本例：肉じゃが

	常食	きざみ食（荒きざみ）	軟菜食・ソフト食
材料 （1人分）	じゃがいも（小 1 と 1/2 個）　たまねぎ（50 g）　にんじん（20 g）　牛赤身薄切り（40 g） しょうゆ（小さじ 1）　みりん（小さじ 1）　サラダ油（小さじ 2 分の 1）　だし汁（200 mL）		

調理方法

1. 材料を準備する。
じゃがいもとにんじんは水でよく洗ってから，包丁またはピーラー等で皮をむく。たまねぎは皮をむいて，洗っておく。調味料（しょうゆ・みりん）とだし汁，サラダ油は計量しておく。

2. 材料を切る。

じゃがいも，にんじんは一口大の乱切りにする。たまねぎは乱切りにする。	じゃがいも，にんじんは，1.5〜2 cm 角に切る。たまねぎは荒みじん切りにする。	じゃがいも，にんじんは，野菜の繊維を断ち切る方向で，薄い短冊状に切る。たまねぎも同様に細切りにする。

3. 材料を炒める。
材料の容量に合った小鍋に，サラダ油を入れ，牛肉を加えて中火で軽く炒める。さらに，たまねぎ，じゃがいも，にんじんを加えて軽く炒める。

4. だし汁に調味料を加えて調味液を作る。
炒めたものに調理液を入れて，よく混ぜる。落とし蓋等をして，中火で材料が軟らかくなるまで煮込む（竹串等を食材の中心に刺して，軟らかさを確認する）。

5. 常食，きざみ食，軟菜食・ソフト食は味や硬さなどを確認してから，器に彩りよく盛りつける。

6. ペースト食は，きざみ食を具材ごとに取り分けて，だし汁やとろみ剤を加え，ハンドミキサーにかけて，ペースト状にする。具材ごとに形を整えてから盛りつける。

＊ミキサー食は，ペースト食にさらに，だし汁等の水分を加えてポタージュ状にしたものである。

● コラム 在宅介護と調理

　在宅介護の調理支援では，朝食・昼食・夕食のうち，2食分または3食分を一度に作ったり，例に示すように，自宅にある限られた食材で何品か作る場合がある。利用者の嗜好に合わせるとともに，食事バランスガイドなどを使って栄養面を考えたり，咀嚼・嚥下の状態に応じて食材を選んで切り方を工夫したり，片栗粉やとろみ調整食品などでとろみをつけたりなど，介護食の調理には，様々な知識・技術が必要となる。本書を通じて，基本から身につけていきたい。

例：**じゃがいも料理**…煮物：肉じゃが (p.51, p.84)，カレーライス (p.73)　和え物：ポテトサラダ (p.127)，粉ふきいも (p.114)

　　だいこん料理…煮だいこん，ふろふきだいこん，だいこんサラダ，だいこんおろし (p.56)，切干しだいこんの煮物 (p.104)

　　魚　料　理…煮魚：みそ煮，煮つけ (p.61)，おろし煮　蒸し魚：さけのオーブン焼き (p.96)　焼き魚：塩焼き (p.56)，照り焼き (p.58)

　　卵　料　理…卵焼き (p.56)，茶碗蒸し (p.58)，炒り卵 (p.69)，オムレツ (p.94)

　　豆腐料理…煮豆腐，揚げだし豆腐 (p.109)，麻婆豆腐，豆腐ハンバーグ (p.116)

食事バランスガイド

　食事バランスガイドは，コマのイラストを用いて，主食／副菜／主菜／牛乳・乳製品／果物の5つに区分したもので，区分ごとに料理を単位〔つ (SV：サービング)〕によって，年齢・性別・生活活動強度に応じた食事の目安量を表している。5区分以外にも，欠かすことのできない水・お茶や運動はコマの中心に示し，菓子・嗜好飲料は嗜好品とし，ひもで表現をしている。

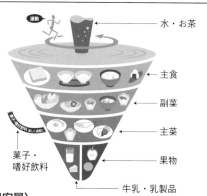

〈食事バランスガイドの年齢・生活活動強度に応じた目安量〉

区分	主な栄養素	主な料理	1SV (つ) の単位	18〜70歳未満のSV		70歳以上のSV
				活動量 普通以上	活動量 低い	
主食	炭水化物の供給源	ご飯，パン，麺，パスタなどの料理	炭水化物が約40g，ご飯100g，食パン8枚切1枚	7〜8	5〜7	4〜5
副菜	ビタミン，無機質，食物繊維の供給源	野菜，きのこ，いも，海藻料理	野菜，きのこ，いも，海藻などの重量が70g	6〜7	5〜7	5〜7
主菜	たんぱく質の供給源	肉，魚，卵，大豆および大豆製品などを主材料とする料理	たんぱく質が約6g	4〜8	3〜5	3〜4
牛乳・乳製品	カルシウムの供給源	乳，ヨーグルト，チーズなど	カルシウムが約100mg	2〜3	2	2
果物	ビタミンC，カリウムの供給源	果物や果実的野菜	重量が約100g	2〜4	2	2
菓子・嗜好飲料		ケーキや和菓子，スナック菓子，菓子パンなど	1日200kcalまでを目安とする。アルコールの場合，ビールなら500mL，日本酒ならコップ1杯程度。			

取材協力・写真提供　○社会福祉法人まごころ まごころタウン＊静岡：原崎伸治（施設長）・谷垣友梨（管理栄養士）・土屋 徹（言語聴覚士・介護福祉士）○インフィック株式会社：安池 剛（管理栄養士）・齋藤亜衣子（介護福祉士・介護支援専門員）・潮 美恵子（介護福祉士）

7 | 調理の基本―和風の献立①

　食材とその調理法は，その土地に生まれ育ち，自然の食材を大切にかつおいしく食べようとする先人たちの長年の知恵と工夫の成果で，現代に受け継がれてきている。そして，現代社会では，和食は栄養のバランスが良い献立・調理法として世界中から注目されている。

　和食の基本献立は一汁三菜であるが，本章では，米飯，塩ざけの焼き物とたまご焼き，ほうれんそうのおひたしおよび具だくさんのみそ汁を一汁二菜として取り上げる。主食の米飯は，水分量を変化させることでお粥(かゆ)になる。また，塩ざけと卵は，保存できる食材で日本人の最もポピュラーな食材である。具だくさんのみそ汁は，おかずがないときの栄養価を高めることができる。献立に従って一定時間に調理できるように調理の流れを描き，調理することを学ぶと同時に利用者の食事摂取の状況に応じて，形態別調理方法について学び，応用ができる能力を養うことを目的としている。

出来上がり

```
┌──── 献　立 ────┐
主食　米飯（めし）
主菜　塩ざけの焼き物とたまご焼き
副菜　ほうれんそうのおひたし
汁物　具だくさんのみそ汁
```

（1）　栄養価

エネルギー	たんぱく質	脂　　質	食塩相当量
438 kcal	21.3 g	11.5 g	2.9 g

（2）　使用する食材の特徴

こめ(米)：米は和食の主食である。玄米から外皮と胚芽を除去した精白米が多く使われている。
　　　　　炊くときの水分量を多くすることで，お粥ができる（表7－1参照）。
さけ：脂質，たんぱく質が多い。レチノール，ビタミンB_1，B_2，B_6，D，Eが豊富。塩焼き，

表7－1　精白米の重量・容積に対する常食米飯・お粥の水の量　　　　（米1合＝180 mL＝150 g）

	常食の米飯	軟飯（3倍粥）	全粥（5倍粥）	五分粥（10倍粥）	おもゆ
米の重量比	1.5 倍	3.6 倍	6 倍	12 倍	12〜15 倍
米の容積比	1.2 倍	3 倍	5 倍	10 倍	10〜13 倍
常食の米飯からお粥を作る場合（容積比）		0.75 倍	1 倍（同量）	2.5 倍	3 倍

照り焼き，フライ，ムニエル，鍋物，汁物などさまざまな調理に使われる。東日本では，「新巻きさけ」として塩蔵貯蔵されたものが冬季の食材として多く使われる。

卵：卵黄は，たんぱく質のほかにビタミンA，D，鉄を含み，卵白は良質のたんぱく質である。アルブミンやビタミンB₂を含んでいる。アミノ酸価は100であり，たんぱく質としてのバランスが良い。卵料理のほかに，肉料理のつなぎとして用いられる。

だいこん：病原菌やウイルスに対する抵抗力を増し，がん予防効果も期待されるビタミンCが豊富。また，でんぷん分解酵素のジアスターゼを含んでいる。焼き魚やてんぷら料理には必ず添えられる。おろし，ふろふき，おでん，汁物の具，煮物，炒め物などに用いられる。

ほうれんそう：カロテン，ビタミンC，鉄，カルシウムが豊富で，栄養価が高く消化が良い。おひたし，和え物，炒め物，スープや汁物の具に多く用いられる。

ぶり：たんぱく質，脂質のほか，ビタミン類を多く含む。刺身，照り焼き，塩焼き，西京漬，あら炊きに向く。わかなご→いなだ→はまち→ぶりと名前が変わる出世魚である。主に西日本で冬季に多く食されたが，現代では養殖が盛んになり，いつでも食べられる。

みそ：蒸した大豆に塩と麹を混ぜて作った発酵食品。主成分は，たんぱく質と炭水化物である。麹原料，味，色，産地などによってさまざまな種類がある。みそ汁のほかに，煮物，鍋物，焼き物，和え物に多く使われる。青魚や肉などの臭いをおさえる効果もある。

（3）　時間配分の目安

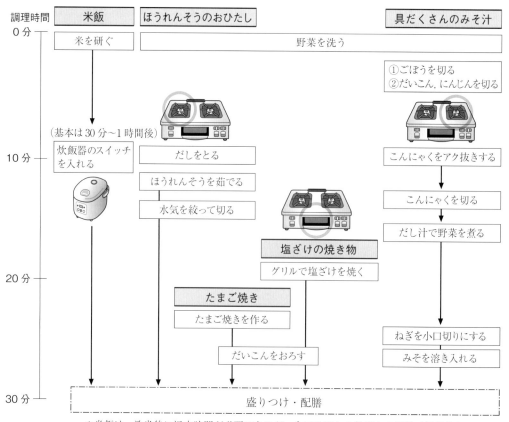

＊米飯は，洗米後に浸水時間が必要であるが，今回はほかの料理との関係で早炊きしている。

（4） 材料と作り方

● 米飯（めし） <small>（和風の献立①―主食）</small>

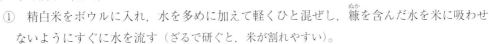

材　料	精白米　　60 g	水　　　　90 mL

［エネルギー 197 kcal, たんぱく質 2.5 g, 脂質 0.2 g, 食塩相当量 0 g］

材料

作り方

（ⅰ）　米を洗う（研ぐ）

① 精白米をボウルに入れ，水を多めに加えて軽くひと混ぜし，糠を含んだ水を米に吸わせないようにすぐに水を流す（ざるで研ぐと，米が割れやすい）。

② 水を入れない状態で，手のひらで押すように 10 回程度混ぜる（力を入れすぎると米が割れるので注意する）。水を入れて，ひと混ぜして水を流す。これを 4 ～ 5 回繰り返す。

（ⅱ）　米飯を炊く

① 洗った米を炊飯器の釜に移し，分量の水を入れる。夏季は 30 分，冬季は 1 時間ほど十分に水を含ませてから炊き始める（洗米後，水を切ってしまうと米粒が割れやすくなる）。

② 炊飯が終了しても，10 分ほどそのまま蒸らす。蒸らしが終わったら，しゃもじで切るように混ぜる。水蒸気を飛ばしてから，蓋をする。

※無洗米は，精白米の表面の糠（肌糠）まで除去しているので，洗わずに水を入れて炊く。

● ほうれんそうのおひたし <small>（和風の献立①―副菜）</small>

材　料

ほうれんそう　60 g（小 3 株） 糸がきかつお節　　　　2 g	A	しょうゆ　　⼩1/2 （3 g） だし汁　　　⼩1 （3 g）

［エネルギー 23 kcal, たんぱく質 2.7 g, 脂質 0.2 g, 食塩相当量 0.4 g］

材料

作り方

① ほうれんそうを，よく洗う。緑色野菜の茹で方（p.34, 表 4 - 10）を参照して，色よく茹でる。茹で上がったら水に取り，根元をそろえて水気を絞る。2 ～ 3 cm の長さに切りそろえる。

② ボウルに A を合わせて割りじょうゆを作り，ほうれんそうを入れて和える。

③ 小鉢に②をこんもりと盛りつけ，糸がきかつお節をのせる。好みに応じて，糸がきかつお節の代わりにすりごま（ごま和え，写真参照），きざみのりや佃煮のり（磯辺和え）にしてもよい。

ほうれんそうのごま和え

● 塩ざけの焼き物とたまご焼き (和風の献立①—主菜)

◎塩ざけの焼き物

材 料	塩ざけ　　　半切れ（40 g）

[エネルギー 73 kcal, たんぱく質 7.8 g, 脂質 3.9 g, 食塩相当量 0.7 g]

材料

作り方

① 塩ざけの塩分が多い場合は，薄い塩水に浸して浸透圧の作用で塩気を抜く（呼び塩という）。キッチンペーパーで表面の水分を軽くふく。グリルに必要な高さまで水を張り，盛りつけしたとき表側（皮の見えるほう）になる面を最初に火に当てて焼くように置く（魚から出る汁で表面を汚さず，焼ける）。高さは遠火になるほうを使う。

② 表面が焼けたら，裏に返す。十分に火が通ったら，もう一度表面に返し，表面の水分を蒸発させる。焼き魚は日本料理では，角皿に盛りつける。

◎たまご焼き（だいこんおろしを含む）

材 料				
卵	1 個（60 g）		だし汁	大1
だいこん	30 g	A	砂糖	小1 (3 g)
			塩	0.4 g
			サラダ油	小1/4 (1 g)

[エネルギー 111 kcal, たんぱく質 6.9 g, 脂質 6.6 g, 食塩相当量 0.7 g]

作り方

① 卵は，数個使う場合も1個ずつ器に割り，中に血・殻が混じっていないかどうか確認する。卵を溶いてAを加え，泡を立てないように混ぜ合わせる。

② たまご焼き器を火にかけ，油を入れて，キッチンペーパーで全体になじませる。

③ 卵液の1/3量を流し，半熟状に火を通す。菜箸で向こう側から手前に巻く。

④ 油を向こう側になじませ，巻いた卵を向こう側に移し，卵液を流し入れる。再度，③の要領で卵を手前に巻く。さらに，残りの卵液も同様に入れて焼く。

⑤ 焼き上がったら，1 cm ほどの厚さに切り，焼き魚の器に一緒に盛りつける。

⑥ だいこんの皮をむいて，だいこんおろしを作る。水分を少し捨てて，器の右手前に添える（だいこんは，おろした状態のまま放置するとビタミンCが破壊されるので，食べる直前におろして添える）。

● 具だくさんのみそ汁 （和風の献立①―汁物）

材料

だいこん	20 g	長ねぎ	10 g
にんじん	10 g	だし汁	150 mL
ごぼう	10 g	みそ（減塩）	大1/2（9 g）
板こんにゃく	15 g		

［エネルギー 34 kcal，たんぱく質 1.4 g，脂質 0.6 g，食塩相当量 1.1 g］

材料

作り方 （使用する野菜の洗い方は，p.30 を参照）

① 材料を切り，必要に応じて下処理をする。だいこんは皮をむき，いちょう切りまたは 2 cm 角の色紙切りにする。にんじんは皮をむいて，いちょう切りにする。ごぼうはささがきにする。こんにゃくは短冊切りまたは色紙切りにする（必要に応じてアク抜きをする）。長ねぎは使用する直前に小口切りにする。

② 鍋にだし汁を入れ，長ねぎ以外の具材を入れて煮る。沸騰したらアクをすくい取りながら，軟らかくなるまで蓋をして煮る。食べる直前にみそを溶き入れる。

③ 椀に盛りつけ，吸い口のねぎを添える。

（5） 形態別調理

1） きざみ食・軟菜食

① **お粥**……表 7 - 1 の精白米の容積に対する水分量を参照し，お粥を炊く（出来上がりは，p.50，図 6 - 3 参照）。

② **塩ざけの焼き物とたまご焼き**……塩ざけはグリルで焼いた後，箸を使って，細かくほぐす。卵は，スクランブルエッグを作る。器に盛りつけ，だいこんおろしを添える。

③ **ほうれんそうのおひたし**……ほうれんそうは茹でたら，葉の部分のみを使い，細かくきざんで，割りじょうゆで和える。

④ **具だくさんのみそ汁**……軟菜食では，野菜が軟らかくなるまで煮る。きざみ食では，常食よりも野菜を細かく切って煮る。

2） 嚥下食 （ペースト食）

① **お粥**……全粥をミキサーにかけたミキサー粥，または，おもゆにする。おもゆは，精白米の体積の 10 ～ 13 倍（重量比 12 ～ 15 倍）の水分量で炊き，ガーゼで漉したり，上澄み液をとったものである。

② **塩ざけの焼き物とたまご焼き**……焼き上がったさけ，たまご焼きを，別々にだし汁を加えてハンドミキサーにかける。

③ **ほうれんそうのおひたし**……茹で上がったほうれんそうの葉の部分のみ，だし汁を加えてハンドミキサーにかける。

④ **具だくさんのみそ汁**……出来上がったみそ汁の具のみをミキサーにかける。にんじんは彩りのため，少し残しておき，汁に戻して混ぜる。

（6）　高齢者が好む料理〔応用編〕

● ぶりの鍋照り焼き （高齢者が好む料理）

［材　料］

ぶり	70 g（1切れ）		小かぶ		20 g
A	しょうゆ	小 1（6 g）	B	砂糖	小 1（3 g）
	みりん	小 1（6 g）		酢	小 1/2（2.5 g）
サラダ油	2 g			だし汁	小 1

材料

［エネルギー 208 kcal，たんぱく質 13.5 g，脂質 11.1 g，食塩相当量 0.9 g］

［作り方］

① ぶりの表面の水分をキッチンペーパーで軽くふき取り，Aを合わせた汁に20分ほど漬けておく。

② ①の汁気を切り，キッチンペーパーで水気をふく。フライパンに油を熱し，中火にして，表側（皮のある側）を上にして入れる。フライパンを動かしながら焼き，焼き色がついたら裏返して焼く。魚に火が通ったら漬け汁を加え，フライパンを動かして全体に汁をからめる。

③ 付け合わせのかぶの甘酢漬を作る。皮をむき，薄くスライスして塩（分量外）をまぶし，しんなりさせる。塩水を洗い落とし，水気を切ってBの合わせ酢に漬ける。

出来上がり

● 茶碗蒸し （高齢者が好む料理）

［材　料］

卵	30 g（1/2個）	えび		10 g
A	だし汁	75 mL	にんじん	5 g
	塩	小 1/10（0.6 g）	しいたけ	5 g
	しょうゆ	小 1/10（0.5 g）	ぎんなん（茹でか水煮）1個（3 g）
			みつば	1本（3 g）

材料

［エネルギー 60 kcal，たんぱく質 5.4 g，脂質 2.9 g，食塩相当量 0.9 g］

［作り方］

① 蒸し器に適量の水を入れ，火にかけて蒸気が出るまで温めておく。にんじんは洗ってから，季節に合わせて型を抜き，3 mmの厚さに切り，茹でる。えび，しいたけ，みつば，ぎんなんは，喫食者の咀嚼状態に合わせて切る。

② ボウルに分量の割りほぐした卵，Aを入れ，よく混ぜ合わせて万能漉し器などで漉す。

③ 茶碗蒸しの器に，みつば以外の具を入れ，卵液を注ぎ，蒸気の上がった蒸し器に入れる。強火で2分，その後弱火にして12～13分蒸す。最後に，みつばを散らして少し蒸す。

出来上がり

8 | 調理の基本―和風の献立②

　本章では，和食の主菜（魚）・副菜としての煮物料理の基本について学ぶ。煮物は，食品を煮汁の中で加熱して調理する方法で，味を平均に内部に浸透させることができ，摂食者の好みに応じた味つけができる。また，加熱時間を長くすることで，煮上がりの軟らかさを調節することができる。

　調味料は，一般的には，さ（砂糖）・し（塩）・す（酢）・せ（しょうゆ）・そ（みそ）の順に入れる。これは，分子量が大きく食品に浸透しにくいものから先に加え，酸味や香りを損ないやすい調味料はなるべく後に加えておいしく仕上げるためである。健常者の煮物の調味パーセント（材料の重量に対する調味料の割合）は，塩分は薄味の煮物で1 ～ 1.2 ％，濃い味の煮物は2 ～ 3 ％である。塩分は，食塩を基準とし，しょうゆやみそで代えて用いる。また，糖分は薄味のもので0.5 ～ 1 ％，煮付けで5 ％程度，濃い味のもので10 ～ 15 ％である。高齢者では，味覚に対する閾値が高くなり，調味を濃くしがちであるため，注意が必要である。

　ここでは季節の旬の食材を用いて，高齢者が薄味でも食べやすい常食としての大きさや硬さ，さらに，形態別調理方法を知り応用できる能力を養うことを目的としている。旬の食材は，経済的であるとともに栄養価が高い。現代は，農業・水産業技術が発達し，1 年を通してさまざまな食材が入手できるが，旬の食材は季節感を味わうという楽しみにもつながり，とても大切な意義をもっている。

献 立	
主食	軟飯
主菜	きんめだいの煮つけ
副菜	野菜の炊き合わせ
汁物	豆腐とわかめのみそ汁
デザート	りんごのシロップ煮

出来上がり

（1）　栄養価

エネルギー	たんぱく質	脂　質	食塩相当量
553 kcal	18.0 g	7.8 g	2.6 g

（2） 使用する食材の特徴

きんめだい：脂質の多い，軟らかい肉質の白身魚。皮の赤色はカロテノイドの一種のアスタキサンチンで抗酸化力が強い。12～3月に脂がのり旬であるが，現代は1年中出回っている。煮つけのほか，鍋物，酒蒸し，揚げ物，干物，粕漬などにして食べる。

かぼちゃ：甘味が強く，加熱するとホクホクとして軟らかくなる。カロテンが豊富。ビタミンB_1，B_2，C，E，カリウム，食物繊維が多く栄養価の高い野菜である。煮物，てんぷら，炒め物，裏漉ししてスープ，お菓子などに用いられる。

さといも：独特のぬめり（ガラクタンなど）は免疫力を高めたり，消化促進・潰瘍予防などの効果をもつ。子いも，親いもとも食べることができ，古来より子孫繁栄の縁起のよい食品とされている。主成分は炭水化物であるが，B_1，カリウム，食物繊維が豊富で比較的低エネルギーの食品である。煮物，おでん，汁物の具などに用いられる。アクの成分（シュウ酸カルシウム）が皮膚を刺激し，かゆみを起こす。

わかめ（藻類の一種）：藻類は，無機質とビタミン類を多く含む。特に，カルシウムと食物繊維が豊富であり，低エネルギー食品である。わかめの食物繊維は，フコイダン（抗ピロリ菌，抗潰瘍，抗がん作用）とアルギン酸（高血圧低下作用，悪玉コレステロール減少作用）を主成分としている。咀嚼が困難になった場合は，わかめゼリーなどで摂食したい食品である。

りんご：甘味と酸味があり，さくっとした歯ざわりがある。炭水化物が主成分であるが，体の免疫力を高めるリンゴ酸・クエン酸が含まれている。生食のほか，ジャムに利用する。

さば：青魚（まぐろ，さば，さんま，いわし，ぶりなど）の脂肪には，不飽和脂肪酸のDHA（ドコサヘキサエン酸：脳の働きをよくする）とEPA（エイコサペンタエン酸：血液をさらさらにする）が多く含まれている。特有の臭みがあり，みそや酢を使った料理に向く。

（3） 時間配分の目安

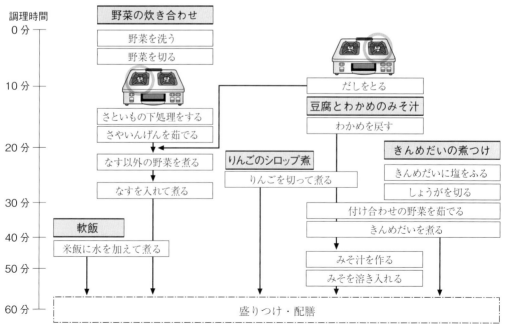

（4） 材料と作り方

● 軟　飯 <small>（和風の献立②—主食）</small>

米飯から作る場合を示す。米飯から作るお粥は，生米から炊く「米粥」に対して，「米飯粥」といわれる。

材料

材　料	
米飯　　　　　120 g	水またはお湯　　90 mL

［エネルギー 187 kcal, たんぱく質 2.4 g, 脂質 0.2 g, 食塩相当量 0 g］

作り方

厚手の小鍋に温かい米飯または冷たい米飯を入れ，お湯または水を入れる（水の量については p.53，表 7 − 1 を参照）。全体を混ぜて火にかける。弱火で滑らかな粥を作る（冷凍ご飯を使用するときは，電子レンジで解凍してから作る）。

● きんめだいの煮つけ <small>（和風の献立②—主菜）</small>

材　料

きんめだい　　　70 g（1 切れ）		だし汁　　　　　　　　100 mL
しょうが　　　　　　　　　5 g		砂糖　　　　　　　　小 1（3 g）
付け合わせ（絹さや　2 さや）	A	酒　　　　　　　大 1/2（7.5 g）
		みりん　　　　小 1・1/3（8 g）
		しょうゆ（減塩）　大 1/2（9 g）

材料

［エネルギー 152 kcal, たんぱく質 11.1 g, 脂質 5.6 g, 食塩相当量 0.6 g］
（食塩相当量は残った煮汁を差し引いて計算した）

作り方

① きんめだいは表面の水気をキッチンペーパーでふき取り，皮に切れ目を入れて軽く塩をふり（分量外），3 分ほど置く（身を締める）。しょうがは薄切りにする（臭み消し用）。

② 平鍋に A の調味料を入れてひと煮立ちさせる。

③ 煮立ったところへ，しょうがと再度表面の水分をふき取ったきんめだいを皮を上にして入れ，煮汁を回しかける（表面のたんぱく質を固め，うま味成分が逃げないようにする）。アルミ箔または落とし蓋をして中火で 10 分ほど煮る。

④ 付け合わせの絹さやを茹でる。付け合わせは，ほうれんそうやこまつななどの緑色野菜でもよい。

⑤ 器に盛りつけ，煮汁を少しかける。付け合わせの絹さやを右手前に添える。

● 野菜の炊き合わせ <small>(和風の献立②—副菜)</small>

材料

かぼちゃ	40 g	だし汁		120 mL
なす	40 g	A { しょうゆ (減塩)	小 1/4	(1.5 g)
さやいんげん	5 g	塩	小 1/5	(1.2 g)
にんじん	10 g	みりん	大 1	(18 g)
さといも	40 g			

材料

[エネルギー 116 kcal, たんぱく質 1.3 g, 脂質 0.1 g, 食塩相当量 0.8 g]
(食塩相当量は残った煮汁を差し引いて計算した)

作り方

① 野菜を洗って切り, 必要に応じて下処理をする (切り方, 下処理の仕方は第4章, p.31〜参照)。
　・かぼちゃは種とわたを取って洗い, 一口大に切り, 面取りする。皮はかすりにむく。
　・なすはへたの部分を切り落とす。縦半分に切り, 斜めに切り込みを入れる。さらに食べやすいように, 2〜3つに切り, 水につけてアク抜きと色の変化を防ぐ。
　・にんじんは皮をむき, 5 mm の厚さに輪切りにし, 型を抜く。さやいんげんは, 3 cm に手で折りながら (味がしみ込みやすくなる) 筋を取ってよく洗う。
　・さといもは厚めに皮をむき, 一口大に切る。すぐに沸騰したお湯で5分ほど茹でる。水に入れて, もみ洗いしながら, 表面のぬめりを取り除く (アク, 渋み, ぬめりが取れる)。

② 水が沸騰したら塩 (分量外) を入れて, さやいんげんを色よく茹でる。茹で上がったら, 水を切る。

③ だし汁にかぼちゃ, にんじん, さといもを入れ, 煮立ったら火を弱めて5分ほど煮る。Aの調味料を入れ, 軟らかくなるまで煮る (右写真)。なすを入れて落とし蓋をして, なすが軟らかくなるまで煮る (煮すぎるとなすの色が悪くなる)。

④ 器に, かぼちゃ, にんじん, さといも, なす, さやいんげんを彩りよく盛りつける。

● 豆腐とわかめのみそ汁 <small>(和風の献立②—汁物)</small>

材料

豆腐	30 g	塩蔵わかめ		10 g
だし汁	150 mL	みそ (減塩)	大 1/2	(9 g)

[エネルギー 44 kcal, たんぱく質 3.1 g, 脂質 1.9 g, 食塩相当量 1.2 g]

作り方

材料

① わかめを水で戻す。食べやすい大きさに切る。

② だし汁を火にかけ, 沸騰したら豆腐をさいの目に切って入れる。

③ わかめを入れてひと煮立ちしたら, みそを溶き入れる。みそは食べる直前に入れる。

④ 椀に盛る。

● りんごのシロップ煮 （和風の献立②—デザート）

材料

材　料			
りんご	50 g	水	50 mL
片栗粉	小 1/4(0.75 g)	A 砂糖	小 2 (6 g)
		レモン（薄切）	1/2 枚

[エネルギー 55 kcal，たんぱく質 0.1 g，脂質 0 g，食塩相当量 0 g]

作り方

① 　りんごは洗って皮をむき，3 ～ 4 つに縦割りに切り，芯の部分を除く。

② 　小鍋にむいた皮を敷き（皮が赤い場合は，煮上がったとき，ピンク色のシロップ煮になる），切ったりんごを並べる。Aを入れて，蓋をして弱火で静かに煮る。軟らかくなったら，片栗粉を同量の水で溶き，回し入れてとろみをつける。冷やして食べてもおいしい。

（5）　形態別調理

1）　きざみ食・軟菜食

① 　きんめだいの煮つけ

(1) 　きざみ食には，常食として煮上がったきんめだいの煮つけを，包丁で 1 cm ほどのさいの目に切って器に盛りつける。

(2) 　さらに極きざみ食にするときは，箸やフォークを使ってフレーク状にほぐす。

② 　野菜の炊き合わせ

(1) 　軟菜食には，時間をかけて軟らかく煮る。

(2) 　きざみ食には，常食として煮上がった野菜を，それぞれ包丁で 1 cm ほどのさいの目に切って器に盛りつける。

③ 　豆腐と青菜のみそ汁

(1) 　わかめの代わりに緑の野菜を用い，みじん切りにする。

(2) 　豆腐は，ふきんを使って絞る，またはお玉などですりつぶしておく。だし汁を温めたら豆腐を入れ，青菜を入れてひと煮立ちさせ，みそを溶き入れる。

④ 　りんごのシロップ煮

　りんごをいちょう切りにして，常食と同じように煮る。

2）　嚥下食（ペースト食）

① 　きんめだいの煮つけ

　煮上がった煮つけの皮を取り除く。フォークで細かくフレーク状にし，その中に煮汁を加える。さらに，とろみ剤を加えて粘度をつける。魚の形に整えながら器に盛りつける。

② 　野菜の炊き合わせ

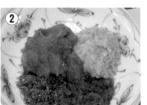

　煮上がった野菜を，材料別にだし汁を少しずつ加えてバーミキサーにかける。彩りよく器に盛りつける。

③ りんごのシロップ煮

わかめのゼリーに変更する。

● わかめのゼリー (嚥下食)

材料 (90 cc カップ 8 個分)

乾燥わかめ 4 g		A	だし汁 500 mL
ゼラチン 15 g			しょうゆ (減塩) ㋹ 1 (18 g)
だし汁 250 mL			みりん ㋹ 1 (18 g)

[1 個分：エネルギー 16 kcal, たんぱく質 1.9 g,
脂質 0 g, 食塩相当量 0.4 g]

作り方

① ゼラチンを, 250 mL のだし汁にふり入れてふやかす。

② 乾燥わかめを水で戻し, A を加えてよく煮る。少し冷ましてから, ミキサーにかける。

③ ②を鍋に戻して火にかけ, 沸騰したら火を止め, ①のゼラチンを余熱で溶かす。ある程度
冷めたら, カップに注ぎ, 冷蔵庫で冷やして固める。

（6） 高齢者が好む料理（応用編）

● さばのみそ煮 (高齢者が好む料理)

材料

さば 1 切れ（70 g）		A	水（またはだし汁） 50 mL
付け合わせ（絹さや 2 さや）			砂糖 ㋐ 1 (3 g)
しょうが 8 g			酒 ㋐ 1 (5 g)
			みそ（減塩） ㋹ 1/2 (9 g)

[エネルギー 185 kcal, たんぱく質 13.5 g, 脂質 9.5 g, 食塩相当量 1.3 g]

材料

作り方

① さばの表面に切れ目を入れて軽く塩をふり, 3 分ほど置
く（身を締める）。煮魚は臭み消しのために, 一度熱湯にく
ぐらせて煮ることもある。しょうがの半分は, 魚の臭み消
し用として薄切りにする。残り半分は, 飾り用の針しょう
がとして用いる。

② 平鍋に A を溶かし入れ, 薄切りしょうがを加えてひと
煮立ちさせる。煮立ったらさばの表面をキッチンペーパー
で軽くふき, 皮を上にして入れる。アクが出てきたら取り,
弱火で落とし蓋をして 12 〜 13 分煮る。煮汁はとろりとするまで煮詰める。

出来上がり

③ 絹さやは筋を取り, よく洗って塩茹でする。

④ 器にさばを盛り, 絹さやを手前に添え, みそだれをかけ, 針しょうがをのせる。煮魚は丸
い器に盛りつける。

9 | 調理の基本─和風の献立③

　本章では，米を使った丼物，和え物，および澄まし汁の基本について学ぶ。丼物は１つの器の中に主食，主菜，副菜となる食材が使われ，栄養価が高い。調理時間も短く，配膳も１つの器ですむため手軽な料理法である。食材を変えることで，たまご丼，天丼，カツ丼などの変化をつけることができる。高齢者にとっては，煮汁があることで，食べやすい料理でもある。また，和え物は同じ具でも和える食材と調味料を変えることで，白和え，ごま和え，からし和え，くるみ和えなど，味に変化をつけることができる。一方，澄まし汁は，しょうゆと塩で味をつけた透明な汁物であり，みそを使った濁り汁に対する料理名である。しょうゆは，一般には，色の淡い薄口しょうゆが用いられる。具を変化させることで，日常食にも，非日常食にもなる。

　基本料理として，親子丼，きゅうりとわかめの酢の物，麩と青菜の澄まし汁を選んだ。親子丼に使われる鶏肉はほかの肉類に比べて消化・吸収率が高く，高齢者・病人食向きである。また，麩は小麦粉のグルテン（たんぱく質）を主成分とする加工乾燥食品であり，いつでも手軽に使うことができる。吸い物に用いた青菜は，電子レンジによる調理法を載せている。

```
┌─── 献　立 ───┐
```
主食・主菜・副菜　**親子丼**
副々菜　　　　　**きゅうりとわかめの酢の物**
汁物　　　　　　**麩と青菜の澄まし汁**

出来上がり

（1）　栄養価

エネルギー	たんぱく質	脂　質	食塩相当量
444 kcal	23.2 g	6.8 g	3.1 g

（2）　使用する食材の特徴

鶏肉：部位により成分と特徴は異なるが，主成分は，たんぱく質と脂質である。高齢者・病人食にはむね肉，もも肉，ささ身，およびこれらのひき肉が使われる。

たまねぎ：糖質のほか，ビタミンCが多い。肉の生臭さを和らげてビタミンB_1の吸収を促進する硫化アリルを含み，肉料理には欠かせない野菜である。保存性が高く，主に加熱料理に用いられているが，生食もできる。

麩：主成分は小麦粉のたんぱく質のグルテンで，消化が良い。生麩と焼き麩がある。生麩はグルテンにもち粉などを混ぜて練り，蒸し上げたもので菓子や澄まし汁に多く用いられる。

焼き麩には，車麩，竹輪麩，花麩など調理にあわせたいろいろな形がある。澄まし汁には，花形，きのこ形，手まり形などの小さな麩が用いられる。

アスパラガス：栽培法により，グリーンアスパラガス，ホワイトアスパラガス，紫アスパラガスなどがある。疲労回復効果があるアスパラギン酸を多く含むことから，この名称がある。グリーンはホワイトよりも，カロテンやビタミンCが豊富である。紫アスパラガスは抗酸化作用のあるポリフェノールが多く含まれている。炒め物，てんぷら，茹でてサラダなどに用いられる。

こんにゃく（しらたき）：こんにゃくいもの生いもや精粉に水を加えて練り，凝固剤（水酸化カルシウム）などで固めたもの。水分が97％を占めるが，主成分はグルコマンナン（多糖類）の食物繊維で，整腸作用やコレステロール抑制作用がある。糸状にしたものがしらたきである。

しらす干し：まいわし，かたくちいわしの稚魚（体長3cm以下）。カルシウムを多く含む。熱湯を通して，だいこんおろし和えや混ぜすしの具として，また佃煮に多く用いられる。

ごま：脂質とたんぱく質が豊富。鉄，カルシウム，ビタミンB_1のほか，不飽和脂肪酸やビタミンEを多く含み，血圧降下作用，抗酸化作用などがある。高齢者には好ましい食材である。種実の仲間で，らっかせいやくるみなども無機質の優れた供給源である。

（3） 時間配分の目安

親子丼の米飯は，すでに出来上がっているものを温めて使用するフローチャートを示す。

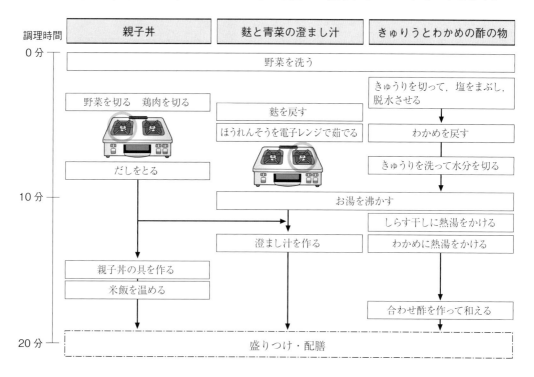

（4） 材料と作り方

● 親子丼 （和風の献立③—主食・主菜・副菜）

材 料

		A		
米飯	140 g		だし汁	60 mL
鶏むね肉	50 g		しょうゆ（減塩）	小 2 （12 g）
たまねぎ	50 g		みりん	小 2 （12 g）
卵	50 g	（きざみのり		少々）
みつば	5 g			

材料

[エネルギー 413 kcal，たんぱく質 20.5 g，脂質 6.6 g，食塩相当量 1.3 g]

作り方

① 米飯の作り方は，7章（p.55）参照。

② むね肉は，薄くそぎ切りにする。たまねぎは薄く切る。みつばも 1 cm ほどに切る。

③ 親子鍋（小さいフライパンや小鍋でも可）に A を入れて中火にかけ，たまねぎを入れる。

④ 煮立ったら鶏肉を広げて入れ，鶏肉の色が変わったら裏返して煮る。全体に火が通ったら，溶き卵を上から円を描くように流し入れる。蓋をして卵が半熟状になったら，みつばを入れて少し煮る。

⑤ 丼に温かい米飯を盛り，その上から④をのせ，好みできざみのりを散らす。

● きゅうりとわかめの酢の物 （和風の献立③—副々菜）

材 料

		A		
きゅうり	40 g		酢	小 1 （5 g）
塩蔵わかめ	15 g		だし汁	小 1
しらす干し	3 g		塩	0.2 g

材料

[エネルギー 15 kcal，たんぱく質 1.5 g，脂質 0.1 g，食塩相当量 0.5 g]

作り方

① きゅうりは，洗って板ずりし，さらに洗う。薄い小口切りにし，塩（分量外）を全体にまぶして 10 分ほど置き，脱水させる。

② わかめは，戻したら熱湯にさっとくぐらせ，すぐに水に入れて冷まし，色出しをして水気を切る。2 cm 角に切る。しらす干しは，ざるに入れて熱湯をかける。

③ A を合わせて，二杯酢を作る。きゅうりの水気を切り，わかめ，しらす干しと一緒に和える。小鉢にこんもりと盛る。

● 麩と青菜の澄まし汁 (和風の献立③—汁物)

材料

花麩	2個	塩	0.8 g
青菜（ほうれんそう）	30 g	しょうゆ	小 1/3 (2 g)
だし汁	150 mL		

[エネルギー 16.1 kcal，たんぱく質 1.2 g，脂質 0.1 g，食塩相当量 1.3 g]

材料

作り方

① 花麩は，水に浸して戻す。戻ったら，固く絞って水気を取る。

② ほうれんそうはよく洗う。水滴がついたままラップでぴったりと包んで，または耐熱容器に入れて軽くラップして，電子レンジで調理する（多くの量を調理する場合は，葉と茎が同時に仕上がるよう，交互に重ねてラップに包む。電子レンジの加熱時間の目安は表9-1参照）。色の濃いものは電子レンジ調理後，すぐに冷水にとり，流水でふり洗いし，アク抜きと色止めをし，水気を絞って2～3 cmに切る。

表9-1 野菜の電子レンジによる茹で時間
（600 W 使用，100 gに対する時間）

野菜名	レンジ時間
ほうれんそう	約1分20秒
キャベツ	約2分
こまつな	約2分
チンゲンサイ	約1分30秒
グリーンアスパラガス	約1分30秒

③ 鍋にだし汁と調味料を入れて，ひと煮立ちさせ，①を入れて煮る。

④ 椀に麩と，ほうれんそうを入れ，調味しただし汁を注ぐ。

（5） 形態別調理

1） きざみ食・軟菜食

① 親子丼

(1) 米飯は，全粥や五分粥にする。作り方は，7章参照(p.53)。

(2) 鶏肉は，ひき肉を用いる。たまねぎとみつばは，みじん切りにする。きざみのりは，食べにくいため，省略する。

(3) 作り方は，常食に準じる。味が浸み込みやすいため，しょうゆ，みりんの量を若干少なめにする。

② きゅうりとわかめの酢の物

(1) 軟菜食は，常食と同じ。

(2) きざみ食には，わかめは除く。きゅうりは，おろし器ですりおろし，水分を切る。しらす干しとすりおろしたきゅうりを混ぜ，二杯酢で和える。

③ 麩と青菜の澄まし汁

(1) 軟菜食は，作り方は常食と同じ。最後に，茹でたほうれんそうもだし汁の中に入れて，ひと煮立ちさせ，軟らかくする。

(2) きざみ食は，麩とほうれんそうをともに細かくきざむ。

2） 嚥下食（ペースト食）

① 親子丼

　鶏肉はひき肉を使用する。たまねぎはみじん切りにする。卵はだし汁を加えて炒りたまごを作り，ミキサーにかける。野菜の葉（ほうれんそうなど）を用いて茹で，裏漉しする。米飯にひき肉，たまねぎにだし汁を加えて軟らかく煮る。卵とほうれんそうの裏漉しを混ぜ合わせる。

② きゅうりとしらす干しの酢の物

　きゅうりは，すりおろす。しらす干しは，下処理をしたらミキサーにかける。嚥下障害では，酢を使った料理はむせやすいため，しょうゆを同量のだし汁で割って和える。

③ 麸と青菜の澄まし汁

　麸とほうれんそうの具のみ，ミキサーにかける。椀に入れ，温かい澄まし汁を注ぐ。

（6） 高齢者が好む料理（応用編）

● 三色丼 <small>（高齢者が好む料理）</small>

【材　料】

米飯	160 g	片栗粉	小 1/2（1.5 g）
鶏ひき肉	50 g	卵	60 g（1 個）
A だし汁	10 mL	B 砂糖	小 2/3（2 g）
砂糖	小 1（3 g）	塩	0.4 g
しょうゆ（減塩）	小 1（6 g）	グリーンアスパラガス	15 g
酒	小 1/2（2.5 g）	C だし汁	大 2（30 mL）
しょうが汁	3 g	塩	0.2 g

材料

［エネルギー 457 kcal, たんぱく質 18.1 g, 脂質 11.4 g, 食塩相当量 1.5 g］

【作り方】

① 鶏そぼろを作る。鍋に，ひき肉とAを入れてよく混ぜ合わせる。火にかけて，菜箸4～5本でかき混ぜながら，煮汁が少し残るくらいまで煮る。次に，片栗粉を同量の水で溶き，入れて，そぼろに粘度を少しつける（粘度があるとむせにくい）。

② 炒りたまごを作る。卵を割りほぐし，Bを入れてよく混ぜる。鍋に，卵を入れ，弱火で菜箸4～5本でかき混ぜながら軟らかい炒りたまごを作る。

③ グリーンアスパラガスは，下処理をして斜め切りし，Cで煮る。アスパラガスの代わりに，季節の緑の野菜（春：なばな，えんどう，秋：ブロッコリー，冬：ほうれんそう，葉だいこんなど）を使用してもよい。

④ 丼に米飯を盛り，その上に鶏そぼろ，炒りたまご，アスパラガスを彩りよくのせる。好みで甘酢しょうがや，きざみのりを添える。

⑤ 軟菜食，きざみ食では，雑炊にする。

出来上がり

● 炊き込みご飯 (高齢者が好む料理)

材料

精白米	60 g	油揚げ	5 g
鶏ひき肉	20 g	みつば	5 g
しめじ	20 g	水	100 mL
ごぼう	10 g	A ┌ しょうゆ (減塩)	小2 (12 g)
にんじん	10 g	┤ 酒	小1 (5 g)
しらたき	10 g	└ 塩	0.5 g

材料

[エネルギー 283 kcal, たんぱく質 8.6 g, 脂質 4.2 g, 食塩相当量 1.6 g]

作り方

① 精白米を研いで水気を切り, 分量の水を入れて, 30 分から 1 時間置く。

② 材料を切る。しめじは, 2 cm の長さに切る。ごぼうは, ささがきにし, 水に入れてアク抜きをする。にんじんは, 2 cm のせん切りにする。しらたきは, 湯通しをして 2 cm に切る。油揚げは, 熱湯をかけて油抜きをし, 縦半分に切ってせん切りにする。みつばも 2 cm に切る。

③ ①に A の調味料を入れ, ②のみつば以外の材料を入れて混ぜ, 普通に炊く。炊き上がったら, みつばを加えて蒸らす。よくかき混ぜて器に盛りつける。

④ 軟菜食, きざみ食では, ごぼう, しらたきを除いて雑炊にする。

出来上がり

● 白和え (高齢者が好む料理)

材料

木綿豆腐	50 g	しらたき	25 g
白ごま	小1 (3 g)	にんじん	20 g
A ┌ 砂糖	小2/3 (2 g)	B ┌ だし汁	40 mL
┤ 塩	0.2 g	┤ しょうゆ	1 g
└ だし汁	5 mL	┤ 塩	0.5 g
ほうれんそう	5 g	└ みりん	小1/4 (1.5 g)

材料

[エネルギー 76 kcal, たんぱく質 4.3 g, 脂質 3.8 g, 食塩相当量 0.8 g]

作り方

① 木綿豆腐は, 沸騰した湯の中に手でつぶして入れ, 2 ～ 3 分煮る。ふきんに取り, あら熱が取れたら, 茶巾絞りの要領で, 水分を最初の重量の 6 割くらいになるまで絞る。

② しらたきは, 熱湯に通して 3 cm の長さに切る。にんじんも 3 cm のせん切りにする。しらたきとにんじんを B の調味料で軟らかく煮る。ほうれんそうは, 葉の部分を用い, 短冊切りにして色よく茹でる。

③ 和え衣を作る。すり鉢に白ごまを入れてよくする。その中に①と A の調味料を入れて, 滑らかになるまで混ぜる。

④ ③に②を入れて和える。

⑤ 軟菜食にはしらたきを除き, にんじんは軟らかく煮て和える。

出来上がり

10 | 洋風の献立

　明治時代に欧米から伝わった洋食は，日本の食卓に合う形に変化してきた。カレーライスやグラタンのように，家庭料理として定着しているものも多い。

　特にカレーライスは，昭和20年に即席カレーとして粉末状のカレールウが販売されてからは家庭で手軽に作られるようになり，高齢者にも若いときからなじみがある料理である。家庭の常備野菜（たまねぎ，にんじんなど）に肉を加えることで栄養のバランスが取れ，さらに季節の旬の野菜を加えることで具のアレンジも可能である。また，調理形態も煮込むことで食材が軟らかくなり，カレーソースのとろみで嚥下しやすい形態となる。このように，介護食としてのさまざまな条件を満たす料理である。副菜は，トマトときゅうりのサラダであるが，全体のエネルギー量や脂質を減らすためにサラダ油を使用していない。はちみつを使って酸味を和らげている。

```
┌─ 献　立 ─┐
```

主食・主菜　**カレーライス**
副菜　　　　**トマトときゅうりのサラダ**
汁物　　　　**はるさめスープ**

出来上がり

（1）　栄養価

エネルギー	たんぱく質	脂　　質	食塩相当量
550 kcal	15.5 g	15.8 g	2.6 g

（2）　使用する食材の特徴

じゃがいも：ビタミンCとカリウムが多く含まれる。粉質の男爵いも，なめらかな食感のメークインなどがある。男爵いもはポテトサラダなどに，メークインは煮込み料理や炒め物に向く。

カレールウ：カレールウは，小麦粉とバターを火にかけながら練ったブラウンソースにカレー粉と食塩を入れて練ったものである。これをスープに溶き入れて沸騰させると，小麦粉でんぷんが糊化し，スープに粘度がつく。カレー粉にはターメリック，とうがらし，コリアンダーなどの香辛料が数十種類使われており，独特のうま味がある。

トマト：カロテン，ビタミンCを多く含む。生食ではサラダ，加熱調理ではスープなどに用いられる。水煮缶やトマトジュース，ケチャップなど，加工食品も多数ある。

きゅうり：カリウムが比較的多く含まれる。成分のほとんどが水分であり，低エネルギー食品である。生食でサラダ，漬物，酢の物などに用いられる。また，炒め物にも使われる。

はるさめ：緑豆，じゃがいも，またはさつまいものでんぷんから作られた麺状のものである。

日本ではいも類のでんぷんから多く作られている。茹でて戻し，酢の物，サラダ，汁物，鍋物などに使われる。

長ねぎ：独特の刺激臭と辛味がある。刺激臭の元となる硫化アリルには，ビタミン B_1 の吸収を促進する働きがある。汁物の吸い口，肉・魚料理の薬味，炒め物，鍋物などに使われる。

牛乳：たんぱく質，カルシウム，ビタミン A などが多く含まれ，消化・吸収が良い。乳牛から絞った乳を殺菌して市販されている。加工乳として，脱脂処理を行った低脂肪乳，無脂肪乳，脂肪分を加えた濃厚乳もある。

乳製品：牛乳を加工して作られた製品。発酵処理を行ったヨーグルト，チーズ，脱脂乳を乾燥させたスキムミルク，乳脂肪分が高い部分のみを分離させた生クリーム，乳脂肪分だけを分離したバターなどがある。

（3） 時間配分の目安

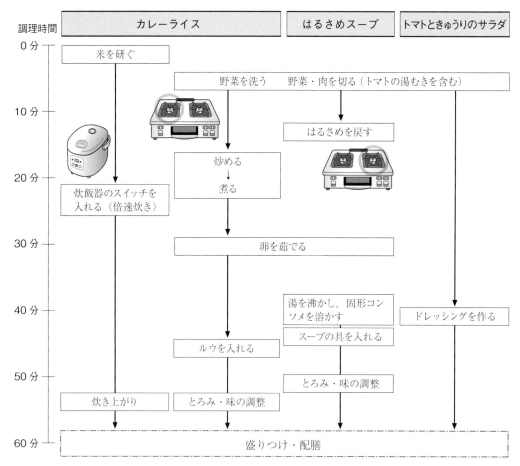

（4）　材料と作り方

● **カレーライス** （洋風の献立—主食・主菜）

材　料

米飯	120 g	サラダ油	小 1（4 g）
にんじん	40 g（1/4 本）	水	1 C（200 mL）
じゃがいも	50 g（1/3 個）	カレールウ	1 かけら（10 g）
たまねぎ	60 g（1/4 個）	卵	1/2 個（30 g）
にんにく	1/2 かけ（5 g）		
肉（豚・牛・鶏など）	40 g		

材料

［エネルギー 466 kcal，たんぱく質 14.7 g，脂質 15.6 g，食塩相当量 1.2 g］

作り方

① 野菜を切る。にんじん，じゃがいもは，厚さ 1 cm 程度のいちょう切りに，たまねぎは，厚さ 7 mm 程度の半月切りにする（大きい場合は長さを半分にする）。肉は，一口大に切る。にんにくは，みじん切りにする。

② 熱した鍋に油をひき，にんにくを入れて香りを出す。

③ ②に，たまねぎを入れて透明になるまで炒めた後，肉を入れて表面の色が変わるまで炒め，残りの野菜をすべて入れて，全体に油をからめる。

④ ③に水を入れ，沸騰するまで強火で加熱する。沸騰したら弱火にし，表面に浮いてきたアクをていねいにすくう。アクが取れたら蓋をする。

⑤ 15 分ほど煮て（水分が少なくなったら少し水を足す）具に火を通したら，いったん火を止めてルウを入れて溶かす。

⑥ ルウが全部溶けたのを確認したら火をつけ，沸騰させて 10 分加熱し，とろみをつける。

⑦ ゆでたまごを作る。卵は冷蔵庫から出して室温に戻してから，鍋にかぶるくらいの水とともに入れ，火にかける。沸騰してから 10 分間加熱を続ける。火を止めた後も 5 分程度そのまま置く。その後，冷水に取り皮をむく。ゆでたまごができたら，卵切りで切るか，薄切りにし，小皿に取っておく。

⑧ とろみ，味の調整をし，米飯とともに盛りつけ，薄切りにしたゆでたまごをあしらう。

〈とろみの調整〉 とろみが弱いと感じたときは，ブールマニエを用いてとろみをつけることができる。ブールマニエは，同じ重量の小麦粉とバター（サラダ油）を小皿に入れ，指でよく練り混ぜ，ペースト状にしたもの。これを少しずつカレーに溶かしていく。必ず沸騰させて状態を確認する。

ブールマニエ

〈辛すぎたとき〉 すりおろしたりんごやヨーグルトを好みに応じ，少しずつ加えて味を調整する。

● トマトときゅうりのサラダ （洋風の献立─副菜）

材 料

トマト	1/2 個(100 g)	ドレッシング	
きゅうり	1/8 本(15 g)	酢	小 1 (5 g)
		塩	0.4 g
		こしょう	少々
		はちみつ	小 1 (7 g)

材料

［エネルギー 47 kcal, たんぱく質 0.6 g, 脂質 0.1 g, 食塩相当量 0.4 g］

作り方

① トマトは，湯むきをし，1 個を縦半分に切り，それを横 2 つ割りにして中の種を除き，幅 1 cm 程度のいちょう切りにする。きゅうりは，板ずりをして薄い半月切りにする。

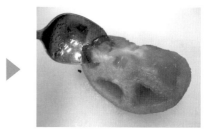

② ドレッシングの材料をボウルに入れ，泡立て器でよく混ぜてドレッシングを作る。

③ トマトときゅうりを盛りつけ，ドレッシングは食べる直前にかける。

● はるさめスープ （洋風の献立─汁物）

材 料

はるさめ	10 g	固形コンソメ	1/4 個(1.25 g)
長ねぎ	10 g（3 cm 程度）	水	1 C (200 mL)
		塩	0.5 g
		こしょう	少々

材料

［エネルギー 37 kcal, たんぱく質 0.2 g, 脂質 0.1 g, 食塩相当量 1.0 g］

作り方

① はるさめは，はさみで 2 ～ 3 cm の長さに切る。沸騰した湯に，はるさめを入れ 2 ～ 3 分茹でて戻し，ざるにあげる。

② 長ねぎは，白髪ねぎにする。

③ 鍋に水と固形コンソメの素を入れて沸騰させて溶かし，①のはるさめと②の長ねぎを入れて 2 ～ 3 分沸騰させる。塩，こしょうで味を調える。

（5）形態別調理

1）きざみ食

① カレーライス……野菜はすべて 1 cm 角に切る。肉はひき肉に変更する。ゆでたまごは除く。そのほかの作り方は，常食と同様。

きざみ食

② トマトときゅうりのサラダ……トマトは，湯むきをして種とわたを取り，1 cm の角切りにする。きゅうりは皮をむき，7 ～ 8 mm の角切りにする。ドレッシングは，同量のヨーグルトとマヨネーズを混ぜたヨーグルトマヨネーズに変える。

③ はるさめスープ……はるさめの長さを 1 cm 程度にする。長ねぎも同じ長さにする。

2）嚥下食（ペースト食）

① カレーライス……米飯を全粥に変更する。常食の作り方⑥まで同じ。煮汁と野菜は，肉を取り出してからミキサーにかけ，再び鍋に戻してカレールウを煮溶かす。肉は，以下のようにパテを作り，食べやすい大きさの団子状にし，ルウを盛りつけた上に置く。ゆでたまごは除く。

嚥下食

〈パテの材料と作り方〉

| 茹でた肉 | 40 g | 生クリームまたは牛乳 | |
| 粉チーズ | 小 2（4 g） | 大 1 ～ 2（15 ～ 30 g） | |

　茹でた肉のあら熱を取り，生クリーム（牛乳）と粉チーズを加えてミキサーにかける。肉の水分に応じて，生クリーム（牛乳）の量を調整する。

② トマトときゅうりのサラダ……トマトゼリーに変更する。

● トマトゼリー （嚥下食）

材　料

トマト	1 個（150 g）	はちみつ	大 1（20 g）
水	トマトと合わせて 120 ～	ゼラチン	2.5 g（1/2 袋）
	150 mL になるように調整	〔水 大 1（15 g）でふやかす〕	

1 個分〔エネルギー 52 kcal，たんぱく質 1.5 g，脂質 0.8 g，食塩相当量 0 g〕

作り方

　湯むきをして種を除いたトマトを，ざく切りにし，水を少量加えてミキサーにかける。さらに，水を加えて 120 ～ 150 mL になるように調整し，はちみつを加えて火にかける。沸騰直前で火を止め，水にふやかしたゼラチンを加える（p.64「わかめのゼリー」参照）。あら熱が取れるまで氷水で冷やし，2 つの型に入れて冷蔵庫で冷やす。

出来上がり

③　はるさめスープ……かきたまスープに変更する。

● かきたまスープ （嚥下食）

材料

卵	1/2 個（30 g）	片栗粉	小 1/2（1.5 g）	塩	0.5 g
固形コンソメ	1/4 個（1.25 g）	水	180 mL	こしょう	少々

［エネルギー 51 kcal，たんぱく質 3.5 g，脂質 2.8 g，食塩相当量 1.2 g］

作り方

　固形コンソメを溶かしたスープに溶き卵を回し入れ，よくかき混ぜる。水溶き片栗粉でスープにとろみをつけ，塩，こしょうで味を調える。

（6）　応　用　編

● クリームシチュー （応用料理）

材料 （変更部分）

カレールウ	20 g	➡	シチュールウ	20 g
水	200 mL	➡	｛ 水	100 mL
			牛乳	100 mL

［カレーライスと同じ材料の場合（米飯を除く）：
エネルギー 256 kcal，たんぱく質 10.8 g，脂質 14.1 g，食塩相当量 1.2 g］

出来上がり

作り方

　カレールウの代わりにシチュールウを使い，常食のカレーライスに準じて調理する。ゆでたまごは作らない。たまねぎを炒めるときに焦がさないようにする。

● トマト煮 （応用料理）

材料 （変更部分）

カレールウ	20 g	➡	カットトマト（缶詰）	100 g
			固形コンソメ	1/2 個（2.5 g）

［カレーライスと同じ材料の場合（米飯を除く）：
エネルギー 217 kcal，たんぱく質 9.5 g，脂質 9.6 g，食塩相当量 1.1 g］

出来上がり

作り方

　常食のカレーライスとほぼ同様で，固形コンソメを入れアクを取った後，すぐにカットトマトを加え，一緒に煮込む。とろみがないので，必要に応じてブールマニエでとろみをつける。ゆでたまごは作らない。

11 | 調理活動の支援

1. 在宅介護や施設介護における調理活動の支援

（1） 調理活動の支援と介護福祉士

　調理活動の支援は，在宅介護をはじめ，利用者用の調理施設を備えたグループホームや特別養護老人ホーム，ケアハウス，デイサービスなどで，日常の生活活動やレクリエーション活動として積極的に取り入れられてきている。

　介護現場での専門的な調理活動の訓練としては，介護老人保健施設，通所介護施設，障害者施設などにおけるリハビリテーションの作業療法があり，主に作業療法士が行っている。一方，利用者が施設や在宅など日常的な生活環境で行う調理活動の支援は介護福祉士等の役割となる。

　介護福祉士が施設・在宅の介護現場で，「調理する」という生活支援を積極的に取り入れることは，自立支援につながるとともに，生活の向上がもたらされる。より専門的な調理活動の支援を行うために，作業療法士や理学療法士，医師，看護師など他の専門職とも連携し，利用者のICF（環境因子や個人因子）をアセスメントしたうえで，最適な支援方法を検討したい。

（2） 調理活動の支援の視点

　調理活動の支援では，利用者の身体状況を把握したうえで，生活歴やニーズなど個々の視点に立って，自立に向けた支援を行う。

　例えば，高齢の女性の多くは，長年にわたり，妻や母として家族のために料理を作ってきている。このため，「調理する」という活動が生きがいとなっている利用者も多く，身体状況や生活環境の変化によって，「調理する」機会を奪われることで，生活の張り合いを失ってしまうことがある。調理活動の支援によって，自らの手で「食事」が作れることで，日常生活の張り合いを取り戻したり，「個人の尊厳」を保つことができ，QOL（生活の質）の向上に結びつく場合がある。

　高齢の男性で調理経験がほとんどない人でも，一人暮らしや妻の介護などの事情によって，調理活動が必要となる場合がある。「調理」することで，外食や中食が減少し食費の負担が軽減したり，献立作成・買い物から調理まで食生活が自立することで，日常の健康管理に役立つなど，この活動がもたらす効果は高く，QOLとも深くかかわる。

　支援にあたっては，利用者のアセスメントに基づく支援方法の検討や実施計画を立てて，評価することが大切である。具体的に，施設介護の場合は集団での調理活動となるため，利用者のニーズに合った料理を計画し，個々の身体状況や意向に沿った役割分担を考えることで，利用者の尊厳に配慮する必要がある。また，在宅介護では，生活環境が多様であるため個々の利用者に応じた支援方法を検討することで，調理活動が持続するような支援を心がけたい。なお，

調理活動における支援の基本的な視点は次の5項目である。

① 使える身体部位を有効に活用するよう調理の環境や動作，調理器具を工夫する（写真Ⓐ：片麻痺の場合，健側を中心に調理動作を考える。麻痺側に立って支援する）。

② 身体状況に合った自助具や流し台，コンロ，作業台の高さ，台所の配置など調理環境を整備する（図11－1，写真Ⓑ：車椅子の場合，足が流し台の下に入る）。

③ 個々の調理動作を工夫し，身体への負担を軽減する（写真Ⓒ：片麻痺でも両手鍋を片手で持てる自助具）。

④ 調理手順を工夫する（動線を短くし，危険や身体への負担が少ない手順を考える）。

⑤ 料理のレパートリーを難易度別に，容易な順に増やしていく。

調理活動の支援の様子

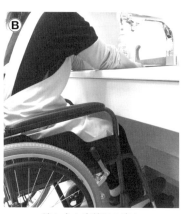

流し台と車椅子の高さ

片手で両手鍋を持てる自助具

〈料理名〉		〈ねらい〉
米飯・炊き込みご飯	⇒	米の研ぎ方，だしのとり方，鍋の使い方を習得
わかめとねぎのみそ汁	⇒	食材の洗い方，キッチンばさみでの切り方
酢の物・サラダ	⇒	野菜などの洗い方，輪切り・せん切りなどの切り方を習得
煮物(肉じゃが,カレーなど)	⇒	いも類やたまねぎ，にんじんの扱い，切り方や炒め方，煮方を習得
野菜炒め	⇒	野菜の洗い方や切り方，鍋での炒め方，味つけを習得
揚げ物	⇒	材料の準備や油の扱い，揚げ物の調理方法を習得

誤作動防止用コンロ

昇降式のキッチン

図11－1　高さや足元，動線を考えた台所

・環境設定：高さ調整可能な作業台，昇降式のキッチン，誤動作防止用コンロ，作業用椅子の使用，キッチンと作業台間の距離の短縮・単純化などの助言
・道具の工夫：片手用の調理用具の制作，材料・道具の固定方法や道具の制作・提案

2. 障害別にみる調理活動の支援

調理活動の支援では，切るために使う包丁や，加熱器具としてのガスコンロ，みそ汁などの熱い料理をはじめ，さまざまな危険が想定される。特に，心身に障害のある利用者に対する支援の過程では，身体状況に応じた「安全への配慮」を十分検討する必要がある。例えば，①調理台などの環境を整え，調理器具や調味料は定位置に置く，②身支度を整えて手洗いなど衛生面に配慮する，③調理作業の分担や援助方法を考える，などがあげられる。

（1）認知症の場合

認知症の症状がある利用者で，調理活動が好きな人にとって，「調理する」という行為は，脳の活性化や生活の張り合いなどで効果がみられる場合がある。

認知症が進行することで，調理動作のプロセスや関連性が理解しにくくなったり，調理活動の状況が理解できず，活動内容を忘れてしまったり，食物や調理器具に関する見当識障害があり，正常な判断や区別ができにくくなったりするなどさまざまな問題が生じやすくなる。

このため，調理活動の支援では，個々の利用者の心身の状況やニーズを十分理解したうえで，コミュニケーションを適時とり，見守りながら並行援助を行うことで，安全で楽しい，自立に向けた調理活動の支援を行う。

現在，認知症といわれている代表的な症例と家事活動の支援における留意点は，表11－1のとおりである。認知症においても，転倒や歩行障害，麻痺，固縮などの症状がある場合は，個々の心身の状態について，十分な配慮が必要となる。

表11－1　家事活動の支援における留意点

認知症のタイプ	アルツハイマー型認知症	脳血管性認知症	レビー小体認知症	前頭側頭変性症
家事活動の支援における留意点	• できるだけなれ親しんだ環境や工程で行う • 戸惑いや取り繕いがみられたら，少し先の工程を見せたり，一緒に行う	• 活動性の低下がみられる • 個別対応で行動を誘発するかかわりや環境が必要 • 動きにくい四肢に対応した動作の工夫，自助具，家事環境の整備を行う	• 動作が緩慢で転倒しやすいので，家事動作を工夫する • 意識レベルに変動があるため，様子をみて，家事活動を導入する	• 同じことを繰り返し行う場合は，危険がなければ，そのまま遂行してもらう • 家事工程にかかわることで，変化をもたらす

（2）片麻痺の場合

片麻痺の場合，健側の上肢で食材・道具の把持，調理に関する操作を行うことが多くなる。麻痺側上肢が補助手として十分に機能を果せない場合，食材や道具の把持や固定などが困難であるため，道具などで食材を固定したり，道具自体を固定するなどの工夫が必要となる。

また，移動能力や立位動作が不安定である場合も多く，上肢の巧緻性やスピード，協調性，道具の操作能力が低下したり，持久力が低下していることも考えられる。

このため，適切な高さの椅子を利用するなどして身体の安定性を確保し，上肢の操作性を改

善するなど，環境調整や道具や設備の配置に工夫が必要である。

　移動面でも立位動作同様に不安定であることが多く，作業台や椅子の位置など調理環境の移動ラインを単純化し，方向転換や横移動の少ない配置が望ましい。

（3）　下肢の麻痺や不自由による車椅子使用の場合

　脊髄損傷など，上肢機能は比較的保たれているが，左右の下肢に運動機能障害（例：体のバランスを保つことが難しい）がみられるケースでは，移動や立位での作業が困難となることが多い。このため，作業スペースでの移動環境を整えることがポイントとなる。移動では，車椅子（電動を含む）などの補助手段を用いることが多く，十分な移動スペースや空間の確保が必要となる。

　また，図11－2のように，車椅子のフットレストと下肢の大腿部までが作業台（流し台を含む）の下に入り込める，十分なレッグスペースの確保が必要となる。作業台の高さは，車椅子に座った状態で肘を90°に曲げた高さが望ましい。作業環境上，キッチンでの火器使用が困難な場合は，作業台上で卓上コンロを利用するなどの選択も必要となる。

図11－2　車椅子での調理活動

（4）　視覚に障害がある場合

　調理や食事の際，私たちは視覚から，食材や調理用具，調理過程の状況や味つけ，温度，料理のおいしさや食卓の雰囲気などに関するさまざまな情報を得ている。視覚に障害がある場合は，食材や調理過程に関する情報が伝わりにくくなるため，刃物や加熱調理器具の扱い，温度の高い料理の操作において，さまざまな危険が伴う。

　視覚からの情報を補うために，調理器具や食材の配置，料理の配膳ではクロックポジションを用いて，介護者が手を添えて配置を説明するとともに，点字レシピの用意などをする。個人差はあるが，調理の温度や過程を確認するために，安全な距離を保ったうえで，手のひらを鍋などにかざしたり，料理の音を聞いたり，味見をしたりする。

　調理活動の支援では，危険を予測して，やけどやけがなどを防ぐよう，調理台やレンジ，食器棚などの調理環境を整えたり，調理器具や調理動作を工夫することが重要である。

● **クロックポジションによる説明** ●

（例）今からみそ汁を作ります。テーブルに置いてある材料の位置を教えます。材料を1つずつ確認し，まな板の上に置いて切っていきます。あなたの正面にピーラーとまな板があります。まな板の上に包丁があります。刃は向こう側になっています。まな板の右横，3時の位置にだいこんがあります。2時の位置にねぎが2本あります。（中略）まず，だいこんの皮をピーラーでむきましょう。（後略）

［　］は支援のポイント

| 調理方法 | 調理・調理支援の方法と留意点 | | |
一般高齢者の場合	片麻痺がある場合	下肢麻痺で車椅子の場合	視覚障害がある場合
炊飯 ① 分量の米を計量カップで量り，ボウルに入れる ② 米を研ぐ（p.55参照） ③ 米をざるに上げて，水を切る ④ 炊飯器に研いだ米を入れ，内側の目安の目盛線まで，水を加える ⑤ 30分程度置いてから，炊飯器のスイッチを入れる ⑥ 炊き上がったら，米飯をしゃもじで軽く混ぜておく	・ボウルの下にすべり止めシートを敷く ・水栓レバーを片手で開栓できるよう工夫する	 ・流し台の高さに合わせ，クッションなどで体の位置を調整する	・米は計量カップを使い，手ですりきって量る ［研いでいる米の様子を見て，回数を知らせる］ ［炊飯器内側の目盛を確認し，分量の水を入れる］ ［炊飯器の機能（炊飯・早炊き・保温など）がわかるように，点字シールを貼っておく］ ・炊き上がりを，タイマーの音や香りで確認する
だいこんのみそ汁（2人分） ① 料理名，材料，調理方法を説明する ② 材料を準備する 　だいこん100g（中1/10本），長ねぎ10g（2本），みそ24g（小さじ4），かつお節10g ③ だいこんは，洗ってからピーラーで皮をむき，せん切りにする 　長ねぎは，洗ってから小口切りにする	・くぎ付きまな板を使用し，だいこんを固定してピーラーで皮をむく ・スライサーの下にすべり止めシートを敷く ・スライサーの刃をせん切り用に替え，安全ガードをつけて切る	・移動距離が短くなるよう，動線を工夫する ・ボウルの下にすべり止めシートを敷く	［材料をクロックポジションで置き，位置や分量を説明する］

| | 調理方法 | 調理・調理支援の方法と留意点 | | |
	一般高齢者の場合	片麻痺がある場合	下肢麻痺で車椅子の場合	視覚障害がある場合
だいこんのみそ汁（2人分）	④　だしをとる （1）分量より少し多めの水を鍋に入れ，火にかける （2）沸騰したらかつお節を入れ，2～3分間煮立ててから火を止める （3）ふきんなどで漉す	④　だしをとる （1）分量のかつお節をだし袋に入れる （2）鍋に分量より多めの水を計量カップで加える （3）沸騰したらだし袋を入れ，2～3分間煮込む （4）だし袋をトングで取り出す		 ・振動や光・音で知らせるタイマーなどを使用する
	⑤　煮る （1）片手鍋にだし汁360mLを入れ，だいこんを加えて軟らかくなるなるまで煮る （2）椀にみそを入れ，鍋からだし汁約50mLをとり，よく溶いてから鍋に戻す （3）長ねぎを加え，ひと煮立ちしたら火を止める	・熱した鍋の移動は危険なので，「煮る」「盛りつける」の動作は，同じ場所で行うよう工夫する		
	⑥　椀に盛りつける	・椀の下にすべり止めシートを敷く ・お玉は，柄にゆるやかな傾斜角度があるものがよい	・卓上コンロなどの利用もよい（コンロの周囲に可燃物を置かないこと。また，換気にも注意する）	・卓上IHクッキングヒーターなどの利用もよい（コードの配置に注意すること）
肉じゃが（2人分）（図11-3参照）	①　料理名，材料，調理方法について説明する ②　材料を準備する（レシピをもとに確認する）			 ［調理器具や食材をクロックポジションで置き，わかりやすく説明する（p.80参照）］
	③　食材を洗う じゃがいも，にんじん，たまねぎを洗う（たまねぎは皮をむいてから洗う）	・すべり止めシートを敷き，ボウルをのせ，その中に水を溜めて洗う ・固定たわしを使う	・高さを調整した作業台，または流し台を使用する	

調理方法		調理・調理支援の方法と留意点		
一般高齢者の場合		片麻痺がある場合	下肢麻痺で車椅子の場合	視覚障害がある場合
肉じゃが（2人分）（図11−3参照）	④ 食材をカットする 　(1) ピーラーや包丁で皮をむき，カットする 　(2) じゃがいもはカットしたら，水を張ったボウルで軽く洗い，ざるに入れて水を切る 　(3) たまねぎとにんじんは，2 cmくらいに切り，じゃがいもと一緒に入れておく 　(4) 肉は3〜4 cmに切る	・食材の下に濡れタオルやすべり止めシートを敷く ・くぎ付きまな板や台付きピーラーなどを使用する  **台付きピーラー** （リハ・パークしずおか提供）	・移動距離が短くなるよう，動線を工夫する	［包丁やピーラーの刃に注意する］
	⑤ 煮る 　(1) 調味料を量っておく（みりん，しょうゆを合わせて器に入れておく。だし汁とサラダ油を量っておく） 　(2) 鍋に油をひき，肉を軽く炒める（くっついて固まらないように，菜箸でほぐしながら炒める） 　(3) 肉の表面の色が変わってきたら，野菜とだし汁，調味料を加える 　(4) アルミホイルなどで落とし蓋をして，弱火で約20分間煮る 　(5) じゃがいもが煮えてきたら出来上がり	・調理器具，食材，調味料など必要なものを，レンジの近くにそろえておく ・熱した鍋の移動は危険なので，「煮る」「盛りつける」は，同じ場所で行うよう工夫する		
		・片手鍋，または自助具を使用する **置ける計量スプーン** （リハ・パークしずおか提供） ・調味料の計量専用自助具，または計量スプーンの下にタオルなどを敷いて固定させて量る		［サラダ油の跳ね飛びに配慮する］ ・振動や光・音で知らせるタイマーなどを使用する
	⑥ 器に盛りつける	・椀の下にすべり止めシートを敷く ・お玉は，柄にゆるやかな傾斜角度があるものがよい **鍋の傾きを変えられる盛りつけ台** （リハ・パークしずおか提供）	・卓上コンロなどの利用もよい（コンロの周囲に可燃物を置かないこと。また，換気にも注意する）	・卓上IHクッキングヒーターなどの利用もよい（コードの配置に注意すること）

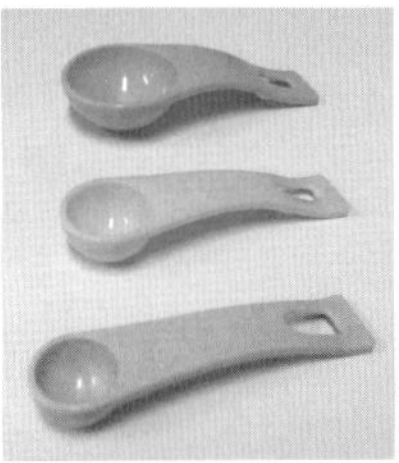

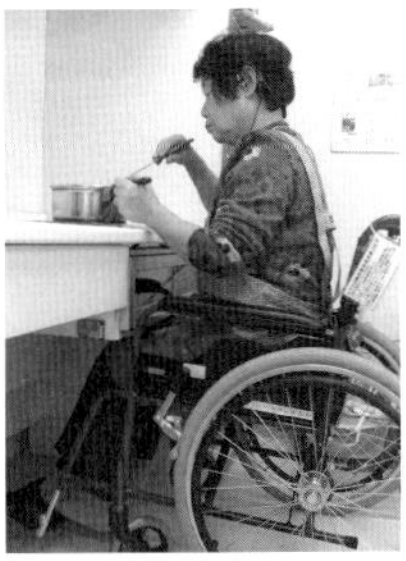

◆肉じゃがを作りましょう

材料 （2人分）

じゃがいも	小3個	しょうゆ	小2
たまねぎ	小1個（100g）	みりん	小2
にんじん	小1本（40g）	サラダ油	小1
牛赤身薄切り	75g	だし汁　だし粉大2＋水200mL	

道具　たわし1，包丁1，まな板1，ボウル（小）1，ざる（大）1，鍋1，木べら1，ピーラー（皮むき器）1，椀1，トング1，計量スプーン1，菜箸1，お玉1，アルミホイル，皿，箸，急須

《メニューの選定について》

　メニュー選定は，想定される作業の難易度を考慮して，段階づけを行う。容易なレベルから複雑なレベルへと進めていく。

・容易なレベル
　工程や道具が少なく，食材も少ない。

・複雑なレベル
　工程や道具が多く，食材も多い。

作り方

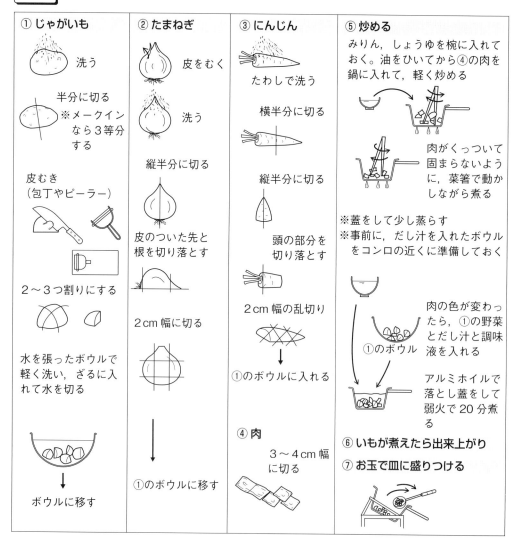

① じゃがいも
洗う
半分に切る　※メークインなら3等分する
皮むき（包丁やピーラー）
2～3つ割りにする
水を張ったボウルで軽く洗い，ざるに入れて水を切る
↓
ボウルに移す

② たまねぎ
皮をむく
洗う
縦半分に切る
皮のついた先と根を切り落とす
2cm幅に切る
↓
①のボウルに移す

③ にんじん
たわしで洗う
横半分に切る
縦半分に切る
頭の部分を切り落とす
2cm幅の乱切り
↓
①のボウルに入れる

④ 肉
3～4cm幅に切る

⑤ 炒める
みりん，しょうゆを椀に入れておく。油をひいてから④の肉を鍋に入れて，軽く炒める
肉がくっついて固まらないように，菜箸で動かしながら煮る
※蓋をして少し蒸らす
※事前に，だし汁を入れたボウルをコンロの近くに準備しておく
①のボウル
肉の色が変わったら，①の野菜とだし汁と調味液を入れる
アルミホイルで落とし蓋をして弱火で20分煮る

⑥ いもが煮えたら出来上がり
⑦ お玉で皿に盛りつける

図11-3　リハ・パークしずおかでの「IADL教室のレシピ」

12 | 家庭にある食材を使って

1. 家庭にある食材と調理

　居宅における調理支援では，「冷蔵庫にあるもので作ってください」など，ありあわせのもので作るよう依頼されることが少なくない。その背景には，2章「家計」にみられるように，高齢者の生活は公的年金など，限られた収入に支えられていること，1人分の料理を作ると買ってきた食材が余ってしまい，もったいないと感じることなどがあげられよう。ほとんどの高齢者は，戦中・戦後の物資不足を経験しており，無駄な廃棄を避けると考えられる。

　また，食品を廃棄することによって，ごみも増えてしまう。「日本の食品ロスの状況（令和2年度）」[1) の推計値によると，日本人が1日に廃棄している可食部（食べられる部分）の量は，1人1日当たり113 g，年間に直すと約41 kgの「まだ食べられる」食品が廃棄されていることになる。廃棄される原因としては，過剰除去（皮を厚くむきすぎる）や腐敗などの理由があげられている。せっかく購入した食品を無駄にしないためにも，計画性のある買い物と，使いきれなかった食品を効率的に使えるような調理技術を身につけたい。なお，2000（平成12）年に策定〔2016（平成28）年一部改正〕された「食生活指針」でも，栄養に関する項目のほかに，「食料資源を大切に，無駄や廃棄の少ない食生活を」という一文がある（表12-1）。無駄や廃棄を少なくすることで，環境保護にも貢献したい。

　本章では，捨ててしまいがちなかぶやだいこんの葉，だし汁を取った後のかつお節（削り節）などを使い，常備菜を作っていく。経済的にも環境にもやさしい料理を目指す。

表12-1　食生活指針

```
• 食事を楽しみましょう。
• 1日の食事のリズムから，健やかな生活リズムを。
• 適度な運動とバランスのよい食事で，適正体重の維持を。
• 主食，主菜，副菜を基本に，食事のバランスを。
• ごはんなどの穀類をしっかりと。
• 野菜・果物，牛乳・乳製品，豆類，魚なども組み合わせて。
• 食塩は控えめに，脂肪は質と量を考えて。
• 日本の食文化や地域の産物を活かし，郷土の味の継承を。
• 食料資源を大切に，無駄や廃棄の少ない食生活を。
• 「食」に関する理解を深め，食生活を見直してみましょう。
```

厚生省，農林水産省，文部省（2016年6月一部改正）

（1）　使い残しの食品を使って

　1人分の料理を作ったときに余ってしまいがちな食材を利用して，常備菜を作る。

● かぶの葉とじゃこの炒め物

材　料（約2食分）

| かぶの葉 | 50 g（1個分） | 白いりごま | 大1・1/5（7 g） | サラダ油 | 小2/3（3 g） |
| ちりめんじゃこ | 大1/2（約3 g） | しょうゆ | 小2/3（4 g） | | |

［1食分：エネルギー 44 kcal，たんぱく質 1.8 g，脂質 3.3 g，食塩相当量 0.4 g］

作り方

① 　かぶの葉はよく洗い，熱湯でさっと茹でる。茹で上がったら冷水に取り冷まし，水分をよく絞ってから細かくきざむ。白いりごまを包丁できざむ。

② 　熱したフライパンにサラダ油をひき，ちりめんじゃこをカリカリになるまで炒める。

③ 　②に，かぶの葉を入れ，炒める。

④ 　切りごまを加え，ひと混ぜした後にしょうゆを回し入れる。

出来上がり

＊こまつなやだいこんの葉でも，同様に作ることができる。

＊辛いものが食べられる場合は，赤とうがらし（鷹の爪）をきざんだものを入れてもよい。

＊サラダ油の代わりに，ごま油を使ってもおいしい。

● 巾着煮

材 料 （2食分）

油揚げ	約30 g（1枚）	酒	小1 （5 g）
卵	MS 2個	しょうゆ	小1 （6 g）
だし汁	1 C（200 mL）	みりん	小1 （6 g）
砂糖	小1 （3 g）		

[1食分：エネルギー 140 kcal, たんぱく質 9.2 g, 脂質 8.7 g, 食塩相当量 0.7 g]

出来上がり

作り方

① 油揚げはざるに置き，沸騰した湯を回しかけ，油抜きをする。

② ①の油揚げを半分に切り，切り口から開き，袋状にし，1個ずつ小さめの器に割り入れた卵を油揚げを立てて静かに入れる。

③ 袋の口を爪楊枝で並縫いのようにして止める。

④ 鍋にだし汁を沸騰させ，③の巾着を入れる。

⑤ 調味料を砂糖→酒→しょうゆの順に入れ，落とし蓋をして弱火で15分程度煮る。火を止める直前にみりんを回し入れ，ひと煮立ちした後，火を止めて5分程度置く。

⑥ 鍋から取り出して爪楊枝を取って縦半分に切り，切り口が見えるようにして盛りつける。

＊中に入れる具は，卵のほかにひき肉＋たまねぎみじん切り，にんじんせん切り＋さやいんげんななめ切り＋糸こんにゃくなど，好みによりさまざまにアレンジできる。

● のりの佃煮

材 料 （約8食分）

湿気てしまったのり	1枚	砂糖	小2 （6 g）
だし汁	大2（30 mL）	しょうゆ	大1.5 （27 g）
酒	大1.5（23 g）	みりん	大1.5 （27 g）

[1食分：エネルギー 18 kcal, たんぱく質 0.3 g, 脂質 0 g, 食塩相当量 0.5 g]

出来上がり

作り方

① のりを細かくちぎって小鍋に入れ，だし汁を少しずつ加える。のりがほぐれ，どろどろになるまでだし汁を加える。

② 調味料をすべて加え，弱火で加熱する。菜箸で混ぜたときに，底に跡が残るまで水分を飛ばす。

＊乾しいたけを戻し，みじん切りにしたものを加えてもおいしい。

（2） 捨ててしまう前に

　一見使えそうにない食材も，手をかければまだ使えるものが多い。捨てる前に用途を考えてみよう。

● かつお節（削り節）のふりかけ

材　料（12 食分）

水 1 L に削り節 30 g で作った だし汁を取った後のだしがら ごま　　　　　　大1（6 g）	しょうゆ　　　　大2（36 g） 酒　　　　　　　大2（30 g） みりん　　　　　大2（36 g） 砂糖　　　　　　大1（9 g）

［1 食分：エネルギー 25 kcal，たんぱく質 1.9 g，脂質 0.3 g，食塩相当量 0.4 g］

出来上がり

作り方

① かつお節は手でしっかりと水気を絞り，細かくきざむ。

② 小鍋にかつお節，ごま，調味料をすべて入れ，水分がなくなるまで弱火～中火で炒る。

＊ごまのほかに，青のりを入れてもおいしい。

● にんじんとだいこんのきんぴら

材　料（1 食分）

にんじんの皮　　　　20 g※ だいこんの皮　　　　20 g※ 　（※約100 g 分から取れる皮） だし汁または水　大2（30 mL）	砂糖　　　　　小2/3（2 g） しょうゆ　　　小1（6 g） みりん　　　　小2/3（4 g） サラダ油　　　小1/2（2 g）

［エネルギー 51 kcal，たんぱく質 0.8 g，脂質 2.0 g，食塩相当量 0.9 g］

出来上がり

作り方

① にんじんとだいこんの皮はよく洗い，汚れを落とし，長さ 2 cm 程度の太めのせん切りにする。

② 熱した小鍋にサラダ油を入れ，にんじんとだいこんの皮を炒める。

③ 全体に油が回ったら，だし汁（水），砂糖，しょうゆを入れて中火で水分を飛ばす。水分が少なくなったらみりんを入れ，ほとんど煮汁がなくなるまで加熱する。

＊白ごま，柚子の皮の千切り，辛いものが食べられる場合は，七味とうがらしなどを入れてもおいしい。

（3）　缶詰を使って

　缶詰は果実類，肉類，魚介類，豆類などさまざまな種類のものがあるが，中でも魚介類の味つけ缶詰は日頃から時間がないときや食材がないときに重宝するので，食べ慣れておき，非常食にもなるので常備しておきたいものである。調理時に味つけの手間がない，そのまま食べてもよいが，ひと手間かけると栄養的にもより良い1品となる。

● おろし煮

材　料（1食分）

さば水煮缶　　約80 g（1/2缶）	だし汁（または水）1/4C（50 mL）
だいこん（かぶでも可）　　100 g	絹さや　　　　　　　　　　1〜2枚

[エネルギー 148 kcal，たんぱく質 14.2 g，脂質 7.5 g，食塩相当量 0.8 g]

出来上がり

作り方

①　だいこんをおろし，軽く水気を切る。

②　絹さや以外の材料をすべて鍋に入れ，5分程度煮る。

③　絹さやは筋を取って沸騰した湯でさっと茹で，細いななめ切りにする。

④　②を皿に盛り，③をあしらう。

＊だし汁（水）でなく缶汁を利用するのもよい（ただし水煮と表記されていても水だけでなく塩も含まれていることを忘れてはならない）。

＊上にあしらう絹さやは，さやいんげん，あさつきなど，あるもので応用できる。

● う巻き風

材　料（3食分）

さんま蒲焼缶　約30 g（1/3缶）	だし汁　　　　　　　　大 2（30 mL）
（細長いタイプの缶詰なら可）	（なくてもよい）
卵　　　　　　　　　　　　3個	サラダ油　　　　　　　小 1（4 g）

[1食分（約1/3本）：エネルギー 119 kcal，たんぱく質 8.3 g，脂質 8.0 g，食塩相当量 0.4 g]

出来上がり

作り方

①　卵をボウルに割りほぐし，だし汁（なくてもよい）を入れて混ぜる。

②　たまご焼き（p.56参照）の要領で，たまご焼き器に薄く卵液を流し込み，半熟の状態になったら，一番奥にさんま蒲焼を置き，それを芯にして巻いていく。

③　手前まで巻いたらたまご焼きを奥にずらし，新しい卵液を流し込む。

④　卵液がなくなるまで③を繰り返す。

⑤　食べやすい厚さに切り，切り口を見せるようにして盛りつける。

＊さんま蒲焼缶のほかに，いわし蒲焼缶など，四角く，細長い缶のものが使いやすい。

＊う巻きとは，うなぎの蒲焼きを卵で巻いたもので，ここではさんまの蒲焼缶詰を使用したので，う巻き風と名付けた。

13 高齢者の疾病と調理—エネルギーのコントロール

1. 高齢者の生活習慣病と調理

　生活習慣病とは，食生活や運動習慣，休養，喫煙，飲酒，ストレス等の生活習慣が発症・進行に関与する疾患の総称で，肥満や糖尿病，高血圧症，脂質異常症，がん，脳卒中，歯周病などがある。多くの高齢者は何らかの慢性疾患を抱え，病歴も長く，食生活にさまざまな影響を与えている。このような高齢者の栄養管理において，生活習慣病などの既往症への対応は，QOL（生活の質）の維持や自己実現に向けた支援が重要である。

　高齢者の食事で気をつけなければならないのは，生活習慣病などの持病への対応とともに，低栄養状態の予防と改善である。平成18年度介護報酬改定で介護保険施設から始まった栄養改善サービスが，令和3年度では通所系居宅サービス利用者にまで広がった。栄養ケア・マネジメント体制（p.39参照）のもと，介護福祉士も含めて多職種が連携して同サービスを提供することが求められている。低栄養状態とは，その場合の栄養スクリーニング項目として「① BMI〔体重(kg)÷身長(m)^{2}で計算〕が18.5未満，② 直近1～6か月間に3％以上の体重の減少が認められるまたは直近6か月間に2～3kg以上の体重減少がある，③ 血清アルブミン値が3.5g/dL未満，④ 食事摂取量が75％以下」である。このような高齢者の低栄養状態を予防・改善するには，① 内臓たんぱく質および筋たんぱく質量の低下を予防・改善し，② 身体機能および生活機能の維持・向上および免疫能の維持・向上を介して感染症を防止し，③ その結果，高齢者が要介護状態や疾病の重度化へ移行することを予防し，④ QOLの向上に寄与することが重要である。

　食事において，高齢者の疾病の対応を考える際，重要なのがエネルギーと栄養素のコントロールである。表13-1は，高齢者の疾病とコントロール食への対応をまとめたものである。

表13-1　高齢者の疾病とコントロール食への対応

コントロールの内容	エネルギー	脂質	たんぱく質	食塩相当量	食物繊維
低栄養状態	適正量まで増	摂取量の増	良質たんぱく質の増		
高血圧症		質のバランス		減	推奨
糖尿病	適正量まで減				推奨
脂質異常症		減と質のバランス			
心疾患	適正量まで減	適正量まで減		減	推奨
腎疾患	適正量を維持	適正量を維持	適正量まで減	減	

注：1. 食物繊維は1,000kcal当たり10gが適正量であり，推奨はそれ以上の摂取を指す。
　　2. ビタミンと無機質の摂取では，骨粗鬆症がカルシウムとビタミンD，貧血症では鉄とビタミンCなどがある。
　　3. ▱ であっても，配慮する必要がないというのではなく，食事摂取基準（2020年版）を参考に考え，適正量を摂取することを指し，肥満のある場合（BMI≧25）は適正体重になることを目標にエネルギー減になることも示す。

2．エネルギーコントロールが必要な疾病

（1） 適正エネルギー量に増加させることが必要な疾病

エネルギー摂取量を増加する必要があるのは，食欲不振などによる食事摂取量の慢性的減少，きざみ食・ミキサー食に移行した場合，食事のかさが増加したために起こる食事量の減少，低栄養状態の予防や改善の場合である。

（2） 適正エネルギー量に減少させることが必要な疾病

逆に，エネルギー摂取量を減少する必要があるのは，糖尿病や肥満である。摂取エネルギーを減少させるために，① 糖質や脂質を多く含む食品を減らす，② 野菜やきのこ類，海藻，こんにゃくなどの低エネルギーの食材を多く使う，③ 少ない砂糖でも甘味に対して満足できるよう工夫する，④ 満足感を得るために配膳や盛りつけを工夫し，かさを増やすなどの対応がある。

1） 肥 満

肥満は，一般的に体重が標準より多い場合を指し，BMI が 25 以上を肥満と判定する。

肥満には皮下脂肪型と内臓脂肪型の 2 種類があり，内臓脂肪型肥満はさまざまな生活習慣病にかかるリスクが高くなる。内臓脂肪型肥満は男性に，皮下脂肪型肥満は女性に多くみられる。肥満の食事の基本は，エネルギー制限であり，1 か月に 1 kg 程度の減量ができるように，食事の調整と運動量の増加の両方で対応する。欠食での対応は，かえって体脂肪の蓄積を増加させたり，反動で過食になったりする場合がある。医師から示されたエネルギー量を遵守し，5 大栄養素を満たし，3 食をきちんととる食事計画を立てる。

2） 糖尿病

糖尿病は，血糖値が異常に高くなる疾病である。何らかの原因でインスリンを作り出す膵臓の β 細胞が破壊されてしまう 1 型糖尿病と，肥満・運動不足・ストレスなどの生活習慣からインスリンの分泌が減少したり，作用しにくくなることで起こる 2 型糖尿病が主な種類である。生活習慣病である 2 型糖尿病は，糖尿病患者の 90％以上を占める。

糖尿病患者の食事の基本は，標準体重を維持し，活動状況にあったエネルギー量を摂取することであるが，栄養素が偏らないように「さまざまな食品をまんべんなく摂取する」ことが重要である。また，高齢者の重症な低血糖は転倒・骨折・認知症・心血管疾患につながりやすいため血糖値の変動域をなるべく少なくして体にダメージを与えないように「欠食をしない」ことが重要である。

3．食事・調理計画

（1） エネルギーの調整方法

エネルギーを増減させるには，大きく 2 つの工夫があげられる。

1） 食品の種類や部位

栄養素で，最も 1 g 当たりのエネルギーが高いものは，脂質である。表13－2 に示したよ

うに，同じ豚肉でも脂質が多い部分と少ない部分がある。また，魚介類では脂質が多い魚と少ない魚がある。どのような料理が食べたいかが決定している場合は，使用する食材でエネルギー量を調整する必要がある。

2） 調理法を工夫する

調理法の違いでも，エネルギー量は大きく変化する。図13－1に示したように，同じ食材を使っても，調理法によりエネルギー量が変化する。

3） エネルギーを充足させるためには

高齢者には，食べにくい肉料理などは敬遠されがちだが，切り方，調理方法などを食べやすいように工夫し，たんぱく質源となる主菜を摂ることができるようにする。また，生野菜はかさが多く，それだけで満腹を感じる場合もあるので，火を通し，かさを減らす工夫をする。食欲がない場合には，主食より，さまざまな栄養素が摂れる主菜を中心に食べてもらえるように心がける。摂取量が全体的に少ない場合は，間食も利用する。間食には，プリンやアイスクリームなどの乳製品を使用した食品のように，食べやすく，少量でもある程度のエネルギーがあり，栄養価が高いものを用意する。初めからすべて食べてもらおうとするのではなく，徐々に一口でも多く食事を摂ってもらう工夫をする必要がある。必要であれば，高エネルギープリンなどの高栄養食品の利用も考えられる。

表13－2 脂質の多い食材・少ない食材

肉 類			魚 介 類	
種類	部位	エネルギー(kcal/100g)	種類	エネルギー(kcal/100g)
豚肉	ばら	366	うなぎ	228
	もも	171	いわし	156
	ヒレ	118	かつお（秋）	150
鶏肉	もも（皮つき）	190	かつお（春）	108
	もも（皮なし）	113	さけ	124
	ささみ	98	あじ	112
牛肉	ばら	381	まぐろ	102
	もも	196	かれい	89
	ヒレ	177	たら	72

〔文部科学省：「日本食品標準成分表2020年版（八訂）」，（2021）〕

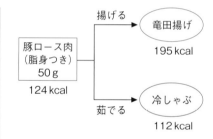

図13－1 調理法によるエネルギーの変化

（2） 糖尿病食事療法のための食品交換表

「糖尿病食事療法のための食品交換表」（日本糖尿病学会，以下食品交換表）は，糖尿病患者の食事療法で使用されるが，バランスの良い食事を目指す場合にも使用できる。食品交換表のエネルギー計算はすべて「80kcal＝1単位」として行われ，食品は表13－3のように6表と調味料に分けられている。それぞれの表には似た成分をもつ食品のうち，よく使用される食品の1単位の重さが収載されている（表6の野菜のみ，300g＝1単位）。また，ある料理に使われる食品を別の食品に換えたい場合，同じ表内の同じ単位数だけ，食品を交換することができる。食品交換例を図13－2に示す。

表13−3　糖尿病食品交換表の分類

主な栄養素	分類	食品例
炭水化物	表1	穀物，いも，炭水化物が多い野菜と種実，大豆を除く豆類
	表2	果物
たんぱく質	表3	魚介類，肉類，卵，チーズ，大豆とその製品
	表4	牛乳，チーズを除く乳製品
脂質	表5	油脂類，脂質を多く含む食品（種実類，ベーコンなど）
無機質ビタミン	表6	野菜類，藻類，きのこ，こんにゃく
	調味料	みそ，砂糖，みりんなど（エネルギー量が多いもの）

〔日本糖尿病学会編・著：『糖尿病食事療法のための食品交換表 第7版』，日本糖尿病協会・文光堂（2013）〕

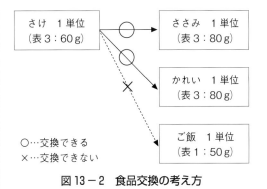

○…交換できる
×…交換できない

図13−2　食品交換の考え方

4．調理の実際

（1）　バランスの良い献立の作成

　食事療法が必要となったときには，医師より食事に占める炭水化物の割合を合併症・肥満度・嗜好（しこう）などによって60％，55％，50％から選択し，「1日1,600 kcal」のように指示される。さらに，あらゆる栄養素をバランス良くとるため，「どんな食品を」「どれだけ」食べてよいかが表13−4のように提示される。これを3食（間食も加える場合がある）にまんべんなく分け，血糖の急激な変化を防ぐために1食にエネルギーが偏らないようにする。これに基づき，食事療法が開始される。調理時には，食品の大きさと重さを確認するために，最初は秤を使用して1つずつ計量していく必要がある。しかし，誰もが食品交換表の使用方法を理解できるわけではない。煩雑であると訴える高齢者には，食品交換表を使わずとも，その人にあったできるだけ安易な方法を提示できるとよい。

表13−4　糖尿病の指示単位（炭水化物55％）

指示エネルギー	単位	表1	表2	表3	表4	表5	表6	調味料
		穀類	果物	肉・魚・卵大豆製品	乳製品	油脂類	野菜類	
1200 kcal	15	6	1	3.5	1.5	1	1.2	0.8
1440 kcal	18	8	1	4.5	1.5	1	1.2	0.8
1600 kcal	20	9	1	5	1.5	1.5	1.2	0.8

〔日本糖尿病学会編・著：『糖尿病食事療法のための食品交換表 第7版』，日本糖尿病協会・文光堂（2013）〕

（2）　1日の配分例

　次頁以降に，高齢者が指示されることが多い1日18単位（1,440 kcal，炭水化物55％）の，1日の献立例を記載する。単位配分の仕方など参考にされたい。

表13−5　18単位（1,440 kcal，炭水化物55%）の単位配分例

	表1	表2	表3	表4	表5	表6	調味料
1日	8	1	4.5	1.5	1	1.2	0.8
朝食	2		1			0.4	
昼食	3	1	1.5	1.5	1	0.4	0.8
夕食	3		2			0.4	
間食							

〔日本糖尿病学会編・著：『糖尿病食事療法のための食品交換表 第7版』，
　日本糖尿病協会・文光堂（2013）〕

〈朝食〉

献立	食　品	重さ	表1	表2	表3	表4	表5	表6	調味料
トースト	食パン	6枚切り1枚（60g）	2.0						
オムレツ	卵	1個（50g）			1				
	低脂肪乳	Ⱚ1（16g）				0.1			
	トマトケチャップ	Ⱁ2（12g）							0.2
	バター	Ⱁ1・1/4（5g）					0.5		
	きゅうり	20g						20g	
	ミニトマト	20g						20g	
ビーンズサラダ	ゆで大豆	20g			0.5				
	にんじん	20g						20g	
	たまねぎ	20g						20g	
	レタス	20g						20g	
	ノンオイルドレッシング	Ⱁ1（5g）							
紅茶	紅茶	3/4C（150g）							
	小計		2	0	1.5	0.1	0.5	100g	0.2

注：表6の野菜のみ1単位＝300gであるためg単位で示す。

〈昼食〉

献立	食　品	重さ	表1	表2	表3	表4	表5	表6	調味料
はんぺんうどん	うどん	240g（茹で1玉）	3						
	ほうれんそう	40g						40g	
	はんぺん	25g			0.3				
	しいたけ	20g						（20g）	
	わかめ	10g						（10g）	
	だし汁	1.5C（300g）							
	しょうゆ	10g							
	みりん	10g							0.3
白和え	木綿豆腐	50g（1/4丁）			0.5				
	鶏ささみ	40g			0.5				
	にんじん	20g						20g	
	さやいんげん	20g						20g	
	こんにゃく	20g						（20g）	
	みそ	Ⱁ1（6g）							0.2
	砂糖	Ⱁ2/3（2g）							0.1
	すりごま	Ⱁ2・1/4（4.5g）					0.3		
	小計		3	0	1.3	0	0.3	80g	0.6

注：1. きのこ，海藻，こんにゃくは表6だが，エネルギーがほとんどないため，計算からは外す。
　　2. うどんなど麺類の汁は残す。

〈間食〉

献立	食品	重さ	表1	表2	表3	表4	表5	表6	調味料
フルーツ	ぶどう	150 g （10〜15粒）		1					
カフェオレ	エスプレッソ	1/4 C（50 g）							
	低脂肪乳	4/5 C（160 g）				1			
	小計		0	1	0	1	0	0	0

注：1. ぶどうは，巨峰など大きい粒のもので10〜15粒程度。
　　2. カフェオレに使用している低脂肪乳を普通牛乳に変えた場合，1.3単位となる。

〈夕食〉

献立	食品	重さ	表1	表2	表3	表4	表5	表6	調味料
ご飯	ご飯	115 g （茶碗1/2杯）	2.3						
さけの オーブン 焼き	さけ	90 g（中1切れ）			1.5				
	塩	0.5 g							
	小麦粉	小1（3 g）	0.2						
	卵	10 g			0.2				
	パン粉	大1（3 g）	0.2						
	カレー粉	小1/2（1 g）							
	にんじん	25 g						25 g	
	たまねぎ	30 g						30 g	
	だいこん	25 g						25 g	
	かぼちゃ	30 g	0.3						
	ノンオイルドレッシング	小1（5 g）							
かぶの ミルク煮	かぶ	1/2個						50 g	
	かぶの葉	1個分						50 g	
	サラダ油	小1/2（2 g）					0.2		
	水	1 C（200 g）							
	低脂肪乳	大4（60 g）				0.4			
	固形コンソメ	1/4個（1.3g）							
	塩	ごく少々							
	こしょう	少々							
	小計		3	0	1.7	0.4	0.2	180 g	0

注：1. ご飯115 gは，茶碗に1/2〜2/3杯程度。ご飯の量を増やしたい場合は，さけのオーブン焼きの付け合せ
　　　に使用している，表1のかぼちゃをやめると15 g増やせる。
　　2. オーブン焼きのさけは，表3の他の食品に換えることもできる。
　　　例）かれい…120 g（中1.5切れ），さんま…45 g（中1/2尾）
　　　　　鶏もも肉（皮なし）…90 g，豚ロース…60 g（薄切り3枚程度）

〈1日計〉　　　　　　　　　　　　　　　　　　　　　　　　（単位）

表1	表2	表3	表4	表5	表6	調味料
8	1	4.5	1.5	1	360 g ≒1.2 単位	0.8

次項で，夕食の献立の作り方を紹介する。

┌─ 献　立 ─┐

主食	ご飯
主菜	さけのオーブン焼き
副菜	かぶのミルク煮

出来上がり

● さけのオーブン焼き (エネルギーコントロール食—主菜)

材　料 （1人分）

さけ	約90 g（中1切れ）		にんじん	25 g
塩	（0.5 g）	付け合せ	だいこん	25 g
薄力粉	㋛1（3 g）		たまねぎ	30 g
卵	10 g（1/5個）		かぼちゃ	30 g
パン粉	㋛1（3 g）		ノンオイルドレッシング	
カレー粉	㋛1/2（1 g）			㋛1（5 g）

材料

［エネルギー 199 kcal，たんぱく質 19.8 g，脂質 4.7 g，食塩相当量 1.1 g］

作り方

① さけは水分をキッチンペーパーでふき取り，塩をふり，10分程度置く。

② 3つ皿を用意し，薄力粉，卵，カレー粉を混ぜたパン粉を別々に入れる。

③ ①の水分をキッチンペーパーでふき取り，薄力粉，卵，カレー風味のパン粉の順に衣をつける。

④ オーブントースターの受け皿にアルミホイルを敷いて③をのせ，両面を4分ずつ焼く。パン粉にきつね色の焦げ目をつける。焦げそうな場合は，上にアルミホイルをかぶせる。

⑤ にんじん，だいこんは皮をむき，同じ大きさに切る。

⑥ たまねぎはくし形切りにする。かぼちゃはにんじん，だいこんと同じ大きさに切る。

⑦ ⑤と⑥をバット（または皿）に並べ，湯気の上がった蒸し器に入れる。蒸し上がったらたまねぎを一口大に切る。蒸し器の代わりに，耐熱皿に⑤と⑥の野菜を並べ，小さじ1の水をふりかけ，ラップフィルムをふんわりかけて，600 wの電子レンジで4分加熱する方法もある。

⑧ ④のさけと⑦の野菜とともに皿に盛りつける。

● かぶのミルク煮 <small>(エネルギーコントロール食―副菜)</small>

材料 （1人分）

かぶ	50 g (1/2 個)	低脂肪乳	㊛ 4 (60 g)
かぶの葉	50 g (1 個分)	固形コンソメ	1/4 個 (1.3 g)
サラダ油	㊙ 1/2 (2 g)	塩	極少々
水	1 C (200 mL)	こしょう	少々

[エネルギー 65 kcal, たんぱく質 3.4 g, 脂質 2.7 g, 食塩相当量 0.8 g]

材料

作り方

① かぶはよく洗い，いちょう切りにする。

② かぶの葉を 1 ～ 2 cm 長さに切る。

③ 鍋に，サラダ油を中火で熱し，かぶ，かぶの葉の順に入れて炒める。全体に油が回ったら，水と固形コンソメを加え，煮立ったら弱火で煮る。かぶが軟らかくなったら，低脂肪乳を加えて中火にし，ひと煮立ちしたら，塩，こしょうで味を調え，火を止める。

● コラム　高齢者の保健指導と調理支援

　2020 年（令和 2 年）より，「高齢者の保健事業と介護予防の一体的実施」という，後期高齢者の新たな制度が始まった。これまでの市町村の保健事業を土台に，フレイル対策などの介護予防と生活習慣病などの疾病予防・重症化予防を一体的に実施する保健指導が，展開されている。この中には，低栄養・口腔機能低下による心身機能低下の防止，生活習慣病の重症化予防の取り組みがある。後期高齢者の介護サービス利用者の多くは，心身の機能が低下する状況にあり，この指導を受ける機会があると考えられる。その中には，介護福祉士，ホームヘルパーが，在宅で調理支援を行っている場合がある。受けた指導の内容を利用者が実践するためには，多職種連携によるサービス担当者会議及び地域ケア会議において，個々の事例に応じて，調理支援として，何をすべきかを話し合いたいものである。

　例えば，市町村から管理栄養士が訪問指導で来た際，低栄養を改善するために，牛乳を毎日 200 mL 飲むことを目標としたが，寒い季節は，飲み続けることが難しくなった。このような時，介護福祉士が，「温かいご飯に溶けるチーズと少しのカットわかめを入れると，美味しいわかめご飯になりますよ。チーズ 1 枚はおよそ牛乳 100 mL になります」と提案したり，目標に肉を食べる回数を増やすことにしたが，できない利用者に「かぼちゃの煮物にひき肉を加えましょう」など利用者の食生活を理解して，手軽にたんぱく質などをとる方法を助言できると，改善につながる場合がある。

14 たんぱく質コントロール食の献立

1. たんぱく質摂取の注意点

（1） 良質たんぱく質とは

　人体の約20％はたんぱく質から構成されており，皮膚・筋肉・臓器など全身に存在する。要介護者が陥りやすい低栄養は，全身の栄養状態が悪くなった状態であり，その判断基準の1つに血液中に存在するたんぱく質の一種である血清アルブミン値が用いられる（p.39参照）。

　たんぱく質はアミノ酸から作られており，その中で人体のたんぱく質を構成しているものは20種類である。このうち人体で作られず，食品から摂取しなければならないアミノ酸を不可欠アミノ酸（必須アミノ酸）といい，表14－1の9種類である。その量は食品によって異なる。人体にとって不可欠アミノ酸の望ましい量をFAO/WHO/UNU（国連食糧農業機関/世界保健機関/国連大学）でアミノ酸評点パターンと名づけて定めている。これを基準にして食品中の不可欠アミノ酸がどのくらいの割合で含まれているかを示したものが，アミノ酸スコアである。すべての不可欠アミノ酸が，この基準に届いていると100となり，最も届いていないアミノ酸が基準に対してどれだけの割合で含まれているかを数値で示したものである。表14－2にその一例を示す。100に近いほど良質たんぱく質といえる。100に届かない食品であっても，他の食品を一緒にとることでアミノ酸スコアは上がり，体内でのたんぱく質合成が効率的になるので，さまざまな食品を摂取したい。

表14－1　不可欠アミノ酸
（必須アミノ酸）

- ロイシン
- イソロイシン
- リジン
- メチオニン
- フェニルアラニン
- スレオニン
- トリプトファン
- バリン
- ヒスチジン

表14－2　食品のアミノ酸スコア

植物性食品		動物性食品	
食品名	アミノ酸スコア	食品名	アミノ酸スコア
精白米	93	鶏もも肉	100
食パン	51	豚ロース	100
マカロニ・スパゲティ	47	あじ	100
トマト	83	さば	100
ほうれんそう	100	ひらめ	100
わかめ	100	くるまえび	100
木綿豆腐	100	しじみ	100

注：FAO/WHO/UNU（2007年）で定めた評点パターン（18歳以上）と文部科学省「日本食品標準成分表2020年版（八訂）アミノ酸成分表編」の「第3表 1g当たりのアミノ酸組成表」を使用して計算した。

（2） 腎疾患

　腎臓は，体の中の老廃物を排泄させるために尿をつくり，血液を浄化させる働きがある。腎疾患の種類はたくさんあるが，うまく排泄されない状態が続くと，腎臓の働きが悪化し，人工

透析が必要になる可能性があるので，老廃物の原因となるたんぱく質の摂取を調整する。たんぱく質の量は健常者の 60 ～ 80 ％程度に抑えることが多い。あわせて，塩分制限があり，病状が悪化するとカリウム，リンの制限も加わる。たんぱく質を制限することにより適正エネルギーの摂取が難しいが，糖質，脂質を増やして十分にとれるようにする。1 日 3 食の食事と間食を上手に利用する。エネルギーが不足すると，体内のたんぱく質が分解されてエネルギーとして使われ，筋肉から痩せていき，老廃物も増えるので腎臓への負担がかかることになる。

2．たんぱく質コントロール食の実際

（1）　特殊食品とは

　たんぱく質制限が厳しくなると，肉・魚・大豆製品など良質たんぱく質を多く含む食品が利用しづらくなる。しかし，良質たんぱく質には，体内で合成できない不可欠アミノ酸が含まれ，健康維持に欠かせない。肉や魚などの良質たんぱく質をなるべく多く摂取し，献立の幅を広げ，適正エネルギー量を確保するためにも，特殊食品が活用される。腎疾患のための特殊食品には，① たんぱく質を減らした主食（主食のたんぱく質が減った分，副食に良質たんぱく質食品を増やせる），② 脂質が中心の食品（エネルギー補給ができる），③ エネルギー増のための甘味料があげられる。表 14 - 3, 4 に一例を示す。このほかにも，低たんぱく質に調整したレトルトおかずや菓子，粉あめや中鎖脂肪酸（MCT）入りの高エネルギーの菓子などがある。また，腎疾患のための食事療法を守り続けることは，大変なことである。食欲減退から食事摂取量が減少することもある。食品の選び方，献立の立て方，調理方法の工夫など，特殊食品の導入も含めて医師や管理栄養士と相談しながらすることが継続につながる。

表 14 - 3　たんぱく質調整食品

食 品 名	特　　　徴	たんぱく質量
低たんぱく質米・ご飯	①発酵などの加工によってたんぱく質を減少させたもの（米の状態で販売されているものが多い） ②発酵などの加工により，通常の米のたんぱく質を減少させたご飯（レトルトパックで販売されているものが多い）	①通常の米より 1/5 ～ 1/50 程度減 ②通常のご飯の 1/3 ～ 1/40 程度 ・たんぱく質の制限量により数種類から選択することができる ・いずれもエネルギー量は通常の米と同程度～やや低め
もち	通常の米を加工したもの	1/6 程度 エネルギー量は同程度～やや低め
パン	・食パン，ロールパン，クロワッサンなど数種類 ・たんぱく質を乳酸発酵で調整した米粉で作られたものがある	通常のパンの 1/3 ～ 1/25 程度
麺類	①乾麺タイプ ②インスタントタイプ ・いずれもカップ麺とノンカップ麺がある	①1/4 程度 ②1/3 程度，食塩相当量 3 g 程度
でんぷん米 でんぷんもち でんぷん麺	・米・とうもろこし・じゃがいもから抽出したでんぷんを加工し，米やもち，麺の形状，食感が類似するよう作られたもの ・でんぷんの性質により冷やすと硬くなることに留意する	・0 ～ 0.5 g/100 g（冷凍麺では 0 g/100 g のものがある） ・エネルギーは同程度 ・塩分・カリウム・リンも調整してあるものもある

表 14 − 4　エネルギー調整食品

食　品　名	特　　徴	栄　養　価
中鎖脂肪酸（MCT）製品	・消化・吸収がよく，味や臭いにくせがないため，さまざまな料理に混ぜて使うことができ，エネルギー増ができる ・粉末状と液体状のものがある	エネルギー：780 kcal/100 g（粉末状） 　　　　　　900 kcal/100 g（液体状） たんぱく質：0 g/100 g
粉あめ	・でんぷんを分解して作られた低甘味ブドウ糖重合体 ・砂糖とほぼ同じエネルギーで甘さが 1/3〜1/8 のため，砂糖より多く使うことでエネルギー増ができる	エネルギー：384 kcal/100 g たんぱく質：0 g/100 g

（2）　1日の献立例と作り方

1）　1日の献立例（腎疾患の場合）

　以下に，1日のエネルギーが 1,600 kcal，たんぱく質 40 g，食塩相当量 3 g 以上〜 6 g 未満の場合の献立例を示す。また，夕食の献立については作り方も記載する。この献立から学ぶべきことを以下に示す。たんぱく質制限は緩やかであるので，主菜のたんぱく質食品の量も少なすぎるほどではない。塩分は今まで日常で食べていた味つけの半分ぐらいである。だし汁を使って，そのうま味で減塩できている。間食にはたんぱく質が少ない。エネルギーをしっかり確保するため，油を使っている料理が多い。病気の進行をさせないためには，食事の制限が今より厳しくなる前のこの段階で，しっかり食事療法を守っていく必要がある。そのためには介護福祉士がこの段階の食事について十分に理解し，対象者の理解を促すことが大切である。

〈朝食〉

献立名	使用食品	量	エネルギー（kcal）	たんぱく質（g）	脂質（g）	食塩相当量（g）
パン	食パン	6枚切り1枚	149	4.4	2.2	0.7
	バター	小1・2/3（6 g）	42	0	4.5	0.1
スパニッシュオムレツ	じゃがいも	80 g	47	1.0	Tr	0
	たまねぎ	50 g	17	0.4	Tr	0
	トマト	50 g	10	0.3	0.1	0
	卵	50 g	71	5.7	4.7	0.2
	サラダ油	小1・1/4（5 g）	44	0	4.9	0
	塩	小1/10（0.6 g）	0	0	0	0.6
	こしょう	少々	0	0	0	0
りんごのコンポート	りんご	50 g	27	0.1	Tr	0
	砂糖	小3・1/3（10 g）	39	0	0	0
オレンジアイスティー	紅茶	3/4 C（150 mL）	2	0.2	0	0
	オレンジジュース	1/4 C（50 mL）	21	0.1	Tr	0
小計			467	12.0	16.3	1.6

Tr（トレース）：微量

　　＊たんぱく質制限が，厳しくなると，動物性食品，大豆製品の良質のたんぱく質がとりにくくなり，低たんぱく質食品などの特殊食品を使用しないと食品の選択が厳しくなる。高齢者にとっては，低たんぱく質食品の味覚になじめない，また経済的負担が大きいことで継続使用ができない場合がある。そのためにも，食事療法の第一歩として，減塩が指示され

た場合，長年の味覚と離れたうす味はつらいことを介護者は理解したうえで，援助を行い，病状の悪化を遅くし，厳しいたんぱく質制限にならないようにしたい。

*エネルギー増を図るには，飲み物に糖分を加えるとよい。

〈昼食〉

献立名	使用食品	量	エネルギー (kcal)	たんぱく質 (g)	脂質 (g)	食塩相当量 (g)
レタス チャーハン	ご飯	200 g	312	4.0	0.4	0
	鶏むね肉	35 g	37	6.7	0.6	0
	レタス	30 g	3	0.2	Tr	0
	しめじ	20 g	5	0.3	0	0
	長ねぎ	5 g	2	0.1	0	0
	にんじん	20 g	6	0.1	0	0
	サラダ油	小 2・1/2（10 g）	89	0	9.7	0
	塩	0.8 g	0	0	0	0.8
	こしょう	少々	0	0	0	0
セロリー スープ	はるさめ	10 g	34	0	0	0
	セロリー	20 g	2	0.1	0	0
	固形コンソメ	1/4 個（1.3 g）	3	0.1	0.1	0.6
	ごま油	小 1/4（1 g）	9	0	1.0	0
	こしょう	少々	0	0	0	0
ほうれんそう のおひたし	ほうれんそう	50 g	8	0.8	0.1	0
	削り節	1 g	3	0.6	0	0
	しょうゆ	小 2/3（4 g）	3	0.2	0	0.6
小計			517	13.3	12.0	2

Tr（トレース）：微量

*チャーハンやピラフは油を多く使用できるので，エネルギー摂取が容易である。低たんぱく米やでんぷん米でもおいしくできる。

〈間食〉

献立名	使用食品	量	エネルギー (kcal)	たんぱく質 (g)	脂質 (g)	食塩相当量 (g)
コーヒーゼリー	粉寒天	小 1/2（1 g）	2	0	0	0
	コーヒー	3/4 C（150 mL）	6	0.2	0	0
	砂糖	大 1・2/3	59	0	0	0
	コーヒー ホワイトナー	小 1	11	0.2	1.1	0
小計			78	0.4	1.1	0

*腎疾患の食事療法には，エネルギー摂取の確保の観点から，間食があるほうがよい。低たんぱくで高エネルギーの糖質を中心としたおやつが適している。

*甘味でも，あずきや卵・牛乳をたくさん使ったケーキなどの献立は，たんぱく質の摂取が多くなりすぎるので注意する。

〈夕食〉

献立名	使用食品	量	エネルギー (kcal)	たんぱく質 (g)	脂質 (g)	食塩相当量 (g)
ご飯	ご飯	180 g	281	3.6	0.4	0
たらと野菜の天ぷら	たら	35 g	25	5.0	0	0.1
	赤パプリカ	20 g	6	0.2	0	0
	ピーマン	20 g	4	0.1	0	0
	焼きのり	1/4 枚 (0.5 g)	1	0.2	0	0
	卵白	10 g	4	1.0	0	0.1
	小麦粉	⦅大⦆1・1/3 (12 g)	42	0.9	0.2	0
	塩	0.5 g	0	0	0	0.5
	サラダ油	12 g (吸油量)	106	0	11.7	0
切干しだいこんの煮物	切干しだいこん	10 g	28	0.7	0	0.1
	にんじん	20 g	6	0.1	0	0
	さやいんげん	10 g	2	0.1	0	0
	だし汁	1/2 C (100 mL)	2	0.2	Tr	0.1
	砂糖	⦅小⦆1 (3 g)	12	0	0	0
	しょうゆ	⦅小⦆5/6 (5 g)	4	0.3	0	0.7
	酒	⦅小⦆3/5 (3 g)	3	0	0	0
はくさいの甘酢漬	はくさい	50 g	7	0.3	Tr	0
	塩	0.5 g	0	0	0	0.5
	酢	⦅小⦆1 (5 g)	1	0	0	0
	砂糖	⦅小⦆1 (3 g)	12	0	0	0
小計			546	12.7	12.3	2.1

Tr (トレース) : 微量

＊夕食の作り方は後述する。

〈1日計〉

エネルギー	たんぱく質	脂質	食塩相当量
1,607 kcal	38.3 g	41.6 g	5.7 g

2） 材料と作り方

┌─── 献 立 ───┐

主食　　ご飯
主菜　　たらと野菜の天ぷら
副菜　　切干しだいこんの煮物
副々菜　はくさいの甘酢漬

エネルギー	たんぱく質	脂　質	食塩相当量
546 kcal	12.7 g	12.3 g	2.1 g

出来上がり

● たらと野菜のてんぷら （たんぱく質コントロール食―主菜）

材　料 （1人分）

たら	35 g（1/2切れ）	卵白	10 g
赤パプリカ	20 g（1/4個）	小麦粉	大1・1/3（12 g）
ピーマン	20 g（1個）	塩	0.5 g
焼きのり	1/4枚	水	大2（30 mL）
		サラダ油	揚げ油

[エネルギー 189 kcal，たんぱく質 7.3 g，脂質 11.9 g，食塩相当量 0.3 g]

材料

作り方

① 　たらは，薄いそぎ切りにする。

② 　小麦粉と卵白，塩を混ぜる。固い場合は，水を加えて天ぷらの衣を作る。

③ 　赤パプリカとピーマンは，長さ2～3cm程度のせん切りにし，焼きのり1/4枚を1/4の幅に細長く切ったもので巻く。巻き終わりは②の衣を糊代わりに少量塗り，その部分を下にして落ち着かせる。全部で4個作る。

④ 　フライパンに油を1cm程度の深さに入れ，170℃に熱する。①のたらと③の野菜を，②の衣にさっとくぐらせるようにつけ，油で揚げる。

③

④

● 切干しだいこんの煮物 （たんぱく質コントロール食—副菜）

材料 （1人分）

切干しだいこん	10 g	だし汁	1/2 C（100 mL）
にんじん	20 g	砂糖	小 1（3 g）
さやいんげん	10 g（1本）	しょうゆ	小 5/6（5 g）
		酒	小 3/5（3 g）

［エネルギー 57 kcal，たんぱく質 1.5 g，脂質 0.1 g，食塩相当量 0.9 g］

材料

作り方

① 切干しだいこんは，よく洗い，たっぷりの水に 10～15 分くらいつけて軟らかく戻し，水気を絞って，3～4 等分に切る。

② にんじんは，皮をむき，3 cm の長さのせん切りにする。

③ さやいんげんは，端を少し切り落とし，熱湯で茹でる。水に取り，あら熱を取ってから水気を切って，斜め薄切りにする。

④ だし汁を沸騰させた中に切干しだいこん，にんじんを加える。

⑤ 再び煮立ってから，砂糖・酒・しょうゆの順に加えて弱火にし，落とし蓋をして 5 分程度煮含める。火を止めてそのまま冷まし，味を含める。

⑥ 再び火をつけ，さやいんげんを加えて全体に和えて火を止め，器に盛る。

● はくさいの甘酢漬 （たんぱく質コントロール食—副々菜）

材料 （1人分）

はくさい	50 g	酢	小 1（5 g）
塩	0.5 g	砂糖	小 1（3 g）

［エネルギー 19 kcal，たんぱく質 0.3 g，脂質 0 g，食塩相当量 0.2 g］

材料

作り方

① はくさいは食べやすい大きさに切り，塩をふってもむ。葉先の部分を使うときには，手でちぎってもよい。

② しんなりしてきたら，水分をしっかりと絞る。

③ 酢に砂糖を溶かし，②のはくさいに混ぜて皿に盛る。

＊キャベツでも応用できる。

＊とうがらしの輪切りを加えてもよい。

15 | 塩分コントロール食の献立

1. 生活習慣病と食塩の摂取

　日本人の食塩摂取量は欧米人に比べて多く，高血圧症をはじめ多くの生活習慣病に関係するといわれている。食塩の摂取が血圧を上げる原因は，食塩中のナトリウムが体内に過剰に蓄積することで，その濃度を下げようと水分を取り込み，血液をはじめとする体液が増加し，血管が圧迫されることによるといわれている。

　和食の献立は，季節の野菜や魚に，肉やいも類，根菜類などを組み合わせることで，栄養バランスがすぐれている。その反面，調味料として使うしょうゆやみそなどの塩分濃度が高く，煮つけや煮物，漬物，汁物などの調理方法は，食塩摂取量が多くなりやすい。このため，生活習慣病の予防や改善では，減塩食に関する知識と技術が必要となる。

　日本高血圧学会による高血圧治療ガイドラインでは，塩分制限について，食生活のポイントを紹介している。①～⑥はこれに加筆したものである。なお，基本の献立では，これらの条件を満たす中華風献立を紹介する。

表 15－1　調味料（小さじ 1 ）に含まれる食塩

調味料		食塩（g）
塩		6
減塩塩　（Na 量 1/2）		3
しょうゆ	濃口	0.9
	薄口	1.0
みそ	辛口	0.8
	甘口	0.4
ウスターソース		0.5

注：減塩調味料は，塩化ナトリウムの一部を塩化カリウムに置き換えた調味料であるため，腎臓病などでカリウム制限がある場合は，医師に相談してから使うようにしたい。

① **塩分制限が 6 g / 日以下**　　減塩調味料（塩分であるナトリウム量を減らした塩，しょうゆ，みそなど）を使い，1 食 2 g 前後にする。塩分の多い加工食品（ハム，ソーセージ，あじの開き干し，たらこなど）の使用を控える。

② **新鮮な素材の旨みを生かす**　　季節ごとに採れる「旬」の素材を利用する。

③ **だしを濃くとり，かつお，昆布，煮干し，乾しいたけなどのうま味（グルタミン酸やイノシン酸など）を効かす**　　うま味がしっかりと効いていると，食塩が少なくともおいしく食べられる。

④ **献立では，料理の味のバリエーションを増やす**　　塩味以外の味覚を利用する→酢，柑橘類などの酸味（高齢者はむせやすいので，使用には注意する）→とうがらし，カレー粉などの香辛料（使いすぎに注意する）→しその葉，セロリーなど香味野菜。

⑤ **調理法を工夫する**　　焼く，揚げる，あんかけなどの調理法を取り入れて，「香ばしさ」や「コク」を加える。

⑥ **野菜や果物を積極的に摂取する**　　生野菜や果物には，カリウムが多量に含まれる。カリウムは，体内に溜まったナトリウムを排泄する働きがある。

┌─────── **献 立** ───────┐
主食 　　米飯（100 g）
主菜 　　八宝菜
汁物 　　かきたま中華スープ
デザート 杏仁豆腐（牛奶豆腐）
└──────────────────────┘

〈献立のポイント〉

・減塩調味料で食塩相当量2 g。

・野菜・きのこと魚介類，肉がバランスよくとれる。

・素材と中華だしの旨み，あんかけでコクがある。

・デザートの甘味とレモンの酸味が味の変化となる。

出来上がり（常食）

調理形態別の八宝菜
（左：常食，右：軟菜食荒きざみ）

（1） 栄養価

エネルギー	たんぱく質	脂　質	食塩相当量	カリウム
544 kcal	19.3 g	17.8 g	1.9 g	1,744 mg

（2） 材料と作り方

● 八宝菜 （食塩コントロール食—主菜）

材　料 （1人分）

にんじん	10 g（1/20 本）	いか	30 g（1/5 はい）
はくさい	60 g（1.5 枚）	豚こま切れ肉	20 g
ピーマン	15 g（1/2 個）	サラダ油	仈 1/2（6 g）
たまねぎ	40 g（1/6 個）	中華スープ	50 mL
乾しいたけ	2 g（1/2 枚）	減塩塩	小 1/2（3 g）
もやし	30 g（1/5 袋）	こしょう	少々
えび	1 匹	片栗粉	小 1（3 g）

[エネルギー 211 kcal，たんぱく質 11.0 g，脂質 13.0 g，食塩相当量 1.5 g]

材料（常食）

作り方

① はくさい，にんじんは短冊切り，たまねぎ，ピーマンはせん切りにする。

② 乾しいたけは軽く水洗いをしてから，たっぷりの水で戻して，厚めのせん切りにする。

材料の豚肉・いか・えび
（左：軟菜食，右：常食）

③ えびは尾と殻をむき，2枚におろす。いかは鹿の子切りにする。

④ 豚肉は一口大に切り，塩，こしょうをしてから片栗粉をまぶしておく。軟菜食は豚肉，いか，えびをミキサーにかけて，団子状に丸めて茹でる。

⑤ 軽く熱したフライパンまたは中華鍋にサラダ油をひき，豚肉，えび，いかを炒める。火が通ったら，これらを皿に移しておく。

⑥ ⑤の鍋に，たまねぎ，にんじん，乾しいたけを加えて中火で火を通し，途中で火が通りやすいはくさい，ピーマン，もやしを加える。

⑦ 野菜に火が通ったら，豚肉，えび，いかを戻して再度炒める。

⑧ 中華スープに塩，こしょう，片栗粉を溶き，中華鍋全体に回しかけ，とろみがつくまで炒める。皿に彩りよく盛りつける。

● 杏仁豆腐（杏仁霜*が手に入らなければ牛奶豆腐）（食塩コントロール食—デザート）

材料 （1人分）

牛乳	50 mL	レモン	5 g（中 1/15）個
杏仁霜*	10 g	シロップ	
粉寒天	1 g	┌ 水	大 2（30 mL）
砂糖	小 2（6 g）	└ 砂糖	小 2（6 g）
水	70 mL		

[杏仁豆腐：エネルギー 119 kcal，たんぱく質 1.8 g，脂質 2.3 g，食塩相当量 0 g]
[牛奶豆腐：エネルギー 79 kcal，たんぱく質 1.5 g，脂質 1.8 g，食塩相当量 0 g]

材料

作り方

① 鍋に分量の水と粉寒天，砂糖を入れて，よく混ぜ合わせてから，火をつけて沸騰させる。

② ①の粉寒天が溶けたら，牛乳と杏仁霜を溶かし加えて，さらに加熱する。

③ 器の内側を水でぬらしておき，ここに②の杏仁豆腐を流し入れる。

④ 杏仁豆腐を入れた器ごとよく冷やして固める。

⑤ 耐熱容器にシロップ（水と砂糖）を入れ，電子レンジで軽く加熱し，砂糖が溶けたら冷やす。

⑥ 固まった杏仁豆腐の上にシロップを流す。レモンを加える。

● かきたま中華スープ （食塩コントロール食―汁物）

材料 （1人分）

卵	1/2 個	塩（減塩）	0.6 g
長ねぎ	5 g	しょうゆ（濃口減塩）	小 1/4（1.5 g）
コーン	10 g	片栗粉	小 1/2（1.5 g）
中華スープ	150 mL		

［エネルギー 62 kcal, たんぱく質 4.8 g, 脂質 2.8 g, 食塩相当量 0.4 g］

材料

作り方

① 鍋に中華スープ，コーンを入れて，塩，しょうゆで味つけをする。

② 沸騰した①に同量の水で溶いた片栗粉を加え，とろみがついたところで，溶き卵を糸状に流し入れる。最後に小口切りにした長ねぎを加えて，椀に盛りつける。

3. その他の料理

● さけのカレームニエル

材料 （1人分）

生さけ	70 g（1切れ）	カレー粉	小 1/2（1 g）
塩（減塩）	0.6 g	小麦粉	小 1（3 g）
こしょう	少々	サラダ油	小 1（4 g）

［エネルギー 136 kcal, たんぱく質 13.6 g, 脂質 6.6 g, 食塩相当量 0.3 g, カリウム 266 mg］

出来上がり
（左：常食，右：きざみ食）

作り方

① さけの両面に塩，こしょうをふり，しばらくおく。

② カレー粉と小麦粉をよく混ぜ合わせておく。

③ さけの水気をキッチンペーパーでふき，②を両面にまぶす。

④ フライパンを熱し，サラダ油をひき，③のさけを盛りつけたときに表になるほうを下にして入れ，両面を焼く。

● ブロッコリーとカリフラワーサラダのオーロラソースかけ

材料 （1人分）

ブロッコリー	30 g（2房）	マヨネーズ	小1（4 g）
カリフラワー	60 g（1房）	ケチャップ	小1/2（3 g）
		レモン汁	小1（5 g）

［エネルギー 57 kcal，たんぱく質 2.1 g，脂質 3.0 g，食塩相当量 0.3 g］

材料

作り方

① ブロッコリーとカリフラワーは，よく洗ってから，小房に切り分ける。

② 鍋に①がひたるくらいの水を入れて加熱し，沸騰したら，①を入れて茹でる。固い茎の部分が竹串を刺してすっと通るくらいになったら，ざるに上げ，冷ましておく。

③ マヨネーズとケチャップ，レモン汁をよく合わせて，②を盛りつけて，上からかける。

出来上がり
（左：常食，右：きざみ食）

● 揚げだし豆腐

材料 （1人分）

木綿豆腐	100 g	だし汁	大1（15 mL）
片栗粉	小1（3 g）	しょうゆ（濃口減塩）	小1（6 g）
揚げ油	適量（6％の吸油率）	みりん	小1（6 g）
大葉（青じそ）	2 g		
しょうが	3 g		

［エネルギー 157 kcal，たんぱく質 7.2 g，脂質 10.3 g，
食塩相当量 0.5 g，カリウム 157 mg］

出来上がり
（左：常食，右：きざみ食）

作り方

① 豆腐はふきんまたはキッチンペーパーなどに包み，水切りをしておく。水気が切れたら半分に切り分ける。

② 大葉はせん切りにし，しょうがはすりおろす。

③ 調味料を合わせ，煮立たせる。

④ 水気をふいた①の豆腐の表面に片栗粉をまぶす。

⑤ 170 〜 180℃に熱した油で④の豆腐を揚げる。

⑥ 器に⑤の豆腐を盛り込み，③の調味液をはり，②を上に盛りつける。

16 脂質や無機質のコントロールと食物繊維の摂取

1. 脂質の調整（肥満，脂質異常症，動脈硬化症）

（1）脂質と生活習慣病

　5大栄養素のうち，脂質は1g当たり9kcalを産出し，少量で効率的なエネルギー源である反面，とりすぎるとエネルギーの過剰摂取となり，肥満（BMI 25以上）や脂質異常症（高脂血症），動脈硬化症など生活習慣病の原因となる。脂質には，中性脂肪とリン脂質，コレステロールなどの種類がある。

　脂質を構成する脂肪酸は，表16－1のように分類できる。このうち，生活習慣病の発症に関係するのは，肉の脂身などに含まれる飽和脂肪酸である。魚脂や植物油などの不飽和脂肪酸はエネルギーが高いものの，LDL（低比重リポたんぱく質：悪玉コレステロール）値を下げるなどの効果がある。このように，脂質の摂取では量と質，バランスをコントロールすることが重要となる。脂質摂取量の具体的な目安として，1日の総エネルギー量の20〜30％，摂取バランスでは，動物性脂肪：植物性油脂：魚脂＝4：5：1，不飽和脂肪酸：一価不飽和脂肪酸：多価不飽和脂肪酸＝3：4：3，n－6系（例：リノール酸）：n－3系（例：青魚）＝4：1がある。

表16－1　脂肪酸の種類と含む食品例

〈脂肪酸の種類〉	〈脂肪酸を含む食品〉
1.　**飽和脂肪酸**（常温で固体のものが多い）————	バター，ラード，生クリーム 肉の脂身などの動物性脂肪
2.　**不飽和脂肪酸**（常温で液体のものが多い）	
1）一価不飽和脂肪酸　　　　　オレイン酸————	オリーブ油
2）多価不飽和脂肪酸　n-6系　リノール酸，アラキドン酸———	植物性油脂
n-3系　EPA（エイコサペンタエン酸）——	青魚（あじ，さば等）
DHA（ドコサヘキサエン酸）——	青魚（あじ，さば等）

　一方，コレステロールの過剰摂取は，脂質異常症や動脈硬化症などの原因となる。1日の摂取量200mg以下を目安に，表16－2に示すように，魚卵や卵黄などコレステロールの多い食品の摂取量に気をつけたり，肉の脂身などの脂肪やエネルギーの過剰摂取とならないように注意する。

表16－2　食品中のコレステロール含有量（可食部100g当たり）

イクラ　480mg	鶏卵　370mg	うなぎ　230mg	するめいか　250mg
たらこ　350mg	たたみいわし　710mg	鶏レバー　370mg	カステラ　160mg

2．無機質の調整（ナトリウム，カリウムは15章に記載のため，除く）

　主な無機質（ミネラル）には，カルシウム，リン，マグネシウム，ナトリウム，鉄，カリウムなどがある。ここでは，カルシウムと骨粗鬆症，鉄と貧血症について取り上げる。

（1）　カルシウムと骨粗鬆症

　カルシウムは骨，歯などの主成分で，血液凝固や神経伝達物質を分泌する働きがある。高齢者に多くみられる骨粗鬆症は骨密度が低下し，骨の内部が空洞状態になる疾病で，カルシウム不足や運動量の不足などによって起きる。女性は女性ホルモンの分泌が低下する40歳代以降，男性は50歳代以降に急増する。食生活での予防や改善として，表16－3に示すカルシウムを多く含む食品から，1日700～800mgをとるよう心がける。

表16－3　カルシウム100mgが手軽にとれる食品量

普通牛乳　91mL	木綿豆腐　107g	きなこ　⦅大⦆7（53g）	納豆　110g
プロセスチーズ　20g	炒りごま　⦅大⦆1.5	こまつな　60g	
ヨーグルト　90g	干しえび　⦅小⦆1	ほしひじき　10g	

（2）　鉄不足と貧血症

　貧血とは「単位当たりの血液中の血色素（ヘモグロビン）濃度が基準以下に低下した状態」をいう。貧血で最も多いのが，鉄欠乏性貧血である。高齢者は栄養素の吸収率が低下するため，鉄不足による貧血症になりやすいので，1日の推奨量（男性65～74歳：7.5mg，75歳以上：7.0mg，女性：6.0mg）を目安に摂取するようにする。貧血を予防・改善するためには，表16－4に示すような，鉄を多く含む食品を毎日の料理に取り入れるとともに，鉄の吸収率を高めるために，たんぱく質やビタミンCを十分とったり，吸収率の高いヘム鉄を含む動物性食品をとるよう心がけたい。

表16－4　鉄を多く含む食品（1食分当たりの鉄含有量）

豚レバー　50g：6.5mg	かつお　80g：1.5mg	木綿豆腐　100g：1.5mg
鶏レバー　50g：4.5mg	ほうれんそう　80g：1.6mg	凍り豆腐　20g：1.5mg

3．食物繊維の摂取と調理

　食物繊維は，豆，穀類，野菜，きのこ，海藻などに多く含まれる。その種類には，不溶性食物繊維（難消化性食物繊維。セルロース系：根菜類，いも類など）と水溶性食物繊維（果物のペクチンなど），動物性のキチンなどがある。

　高齢者は，消化機能が衰え，腸の蠕動運動が不活発となるため，便秘になりやすい。セルロース系の食物繊維は，ブドウ糖をはじめとする栄養素の吸収を緩やかにするとともに，腸の蠕動運動を活性化して便の排出を促すなどの効果がある。高齢者の1日当たりの食物繊維の摂取目標量は，男性20g以上，女性17g以上で，1食当たり6g前後である。野菜や根菜類，海藻を使った料理を取り入れることで，食物繊維の摂取量を増加させたい。

表16-5 食物繊維を多く含む食品（100g当たりの量）

ほしひじき 51.8g	しいたけ(乾) 46.7g	納豆 6.7g	ごぼう 5.7g
しいたけ(生) 4.9g	かぼちゃ(西洋) 3.5g	ブロッコリー 5.1g	ほうれんそう 2.8g
にんじん 2.4g	もやし(大豆) 2.3g	なす 2.2g	キャベツ 1.8g

注：しいたけは苗床栽培の数値

4．基本の献立

〈献立のポイント〉

・ハンバーグステーキは，材料や調理法（焼く→茹でる，煮込む）を変えることで，エネルギーや脂質，無機質をコントロールしやすい。

・温野菜（付け合せ）や野菜スープは，野菜のかさが減り，食物繊維をとりやすい。

・パンを胚芽パンに（米飯の場合は玄米飯に）すると，食物繊維が増える。

・野菜サラダはノンオイルドレッシングにして，エネルギーと脂質を減らす。

```
┌─── 献 立 ───┐
主食   食パン（6枚切り1枚）
主菜   ハンバーグステーキ
副菜   付け合せ（ブロッコリーとにん
       じんのソテー，こふきいも）
副々菜  グリーンサラダ
汁物   せん切り野菜のコンソメスープ
```

出来上がり

（1）栄養価

エネルギー	たんぱく質	脂　質	食塩相当量	食物繊維
619 kcal	20.4 g	27.4 g	2.6 g	8.8 g

咀嚼・嚥下しやすい形態
（あんかけ，小ボール状）

カルシウム強化食
（チーズのせ）

（2）　材料と作り方

● ハンバーグステーキ（脂質・無機質コントロール食―主菜）

【材　料】（1人分）

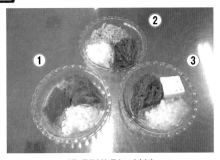

調理形態別の材料　　　　　　　　　共通材料

①常食：豚ひき肉　40 g，牛ひき肉　40 g，たまねぎ　30 g
②脂質コントロール食：豚赤身肉　40 g，牛赤身肉　40 g，たまねぎ　30 g
③カルシウム強化食：木綿豆腐　40 g，牛赤身肉　40 g，たまねぎ　30 g，溶けるチーズ　10 g
共通：パン粉　5 g，牛乳　大2/3（10 mL），卵　小1（5 mL），塩　1 g，こしょう　適量，サラダ油　8 g
咀嚼・嚥下しやすい形態：あんかけ（だし汁　50 mL，みりん　15 mL，しょうゆ　7 mL，片栗粉　3 g）

［①常食：エネルギー 296 kcal，たんぱく質 13.8 g，脂質 23.3 g，食塩相当量 0.6 g，食物繊維 0.7 g］
［②脂質コントロール食：エネルギー 227 kcal，たんぱく質 15.7 g，脂質 13.8 g，食塩相当量 0.6 g，コレステロール 73 mg］
［③カルシウム強化食：エネルギー 240 kcal，たんぱく質 13.4 g，脂質 16.9 g，食塩相当量 0.7 g，カルシウム 122 mg］
［常食＋あんかけ：エネルギー 348 kcal，たんぱく質 14.4 g，脂質 23.3 g，食塩相当量 1.2 g］
※塩，しょうゆは減塩調味料を使う。

【作り方】

①　ひき肉は特定部位の肉をフードプロセッサーを使って作るか，包丁を使ってまな板で細か
　　く叩く（市販のひき肉でもよい）。

②　たまねぎは，縦に 3 mm 幅，横にして 3 mm 幅の切り込みを入れて，3 mm くらいのみじ
　　ん切りにする。

③　パン粉に牛乳を加えて，ひたしておく。

④　ひき肉（水切りした豆腐）に塩，こしょうを加えてよく混ぜる。

⑤　熱したフライパンにサラダ油 3 g をひき，たまねぎをあめ色になるまで弱火で炒め，冷ま
　　しておく。

⑥　④に冷ましたたまねぎ，卵を加えて混ぜる。

⑦　1 個分を取って，空気を抜き，平らなだ円形を作る。

⑧　熱したフライパンにサラダ油5gをひいて，片面ずつ焼き，竹串で加熱状態を確認する。

⑨　洋皿に，ハンバーグを手前に，付け合せを向こう側にし，彩りよく盛りつける。

〈軟菜食，嚥下食の場合〉

　＊団子状に丸めたハンバーグは，沸騰水で軽く茹でる。

　＊鍋にだし汁としょうゆ，みりんを加えて，沸騰させる。水溶き片栗粉を加えて，とろみがつくまで煮込む。ハンバーグにかける。

〈カルシウム強化食の場合〉

　＊木綿豆腐はキッチンペーパーに包み，耐熱容器にのせて，電子レンジで加熱して水切りする。

　＊片面が焼けたらひっくり返し，その上にチーズをのせ，下にした面も焼く。

● ハンバーグステーキの付け合せ （脂質・無機質コントロール食—副菜）

材　料 （1人分）

ブロッコリー	30 g (2房)	サラダ油	⑤ 1 (4 g)
にんじん	20 g (中1/10本)	塩 (減塩)	0.7 g
じゃがいも	50 g (中1/2個)	こしょう	少々

[エネルギー 85 kcal，たんぱく質 1.7 g，脂質 4.0 g，
　　　　　　　　　　食塩相当量 0.4 g，食物繊維 3.4 g]

材料(左：軟菜食，右：常食)

作り方

①　ブロッコリーは房ごと，切り分ける。茎は皮をむいて短冊切りにする。

②　にんじんは皮をむいて，短冊切りにする。

③　じゃがいもは皮をむいて，乱切りにする。

④　鍋に，にんじんを入れ，ひたる程度の水で2分ほど茹でる（根菜類は水から茹でる）。

⑤　次に，ブロッコリーの茎を下にして入れ，火が通ったら，ざるなどに菜箸で取り出し，水分を切る。

⑥　フライパンか鍋に分量のサラダ油を入れて，④・⑤を塩・こしょう（半量）で味つけして炒める。

⑦　じゃがいもは，別の鍋でひたる程度の水で茹でる。じゃがいもに火が通り，水分がなくなったら中火にして鍋をゆすり，粉ふきいもを作る。残りの塩としょうゆで味を調える。

● せん切り野菜のコンソメスープ （脂質・無機質コントロール食—汁物）

材 料 （1人分）

にんじん	25 g
たまねぎ	30 g
ピーマン	10 g
水	150 mL
減塩コンソメスープの素（1人分）	2 g

[エネルギー 21 kcal，たんぱく質 0.5 g，脂質 0.1 g，食塩相当量 0.6 g，食物繊維 1.3 g]

材料

※減塩コンソメは塩分 30％減となっている。

作り方

① にんじん，たまねぎのせん切りを，スープで軟らかくなるまで煮込む。最後にピーマンを加え，さっと煮込む。

● グリーンサラダ （脂質・無機質コントロール食—副々菜）

材 料 （1人分）

レタス	30 g（2枚）	米酢	（大）1
トマト	30 g（1/6個）	煮きりみりん	（大）1
きゅうり	20 g（1/5本）	だし汁	（大）1
		減塩しょうゆ	（小）2/3（4 g）

[エネルギー 68 kcal，たんぱく質 1.0 g，脂質 0 g，食塩相当量 0.3 g，食物繊維 0.8 g]
※煮きりみりん：みりんをレンジ（600 W）で1分間加熱する。

材料（左上：常食，右上：きざみ食，前：ミキサー食）

● 食パン（6枚切り1枚60g）（脂質・無機質コントロール食—主食）

[エネルギー 149 kcal，たんぱく質 4.4 g，脂質 2.2 g，食塩相当量 0.7 g，食物繊維 2.5 g]

p.50 の図6-3（④食パン・パン粥）を参照。

5．応用料理

● 鉄の補給—レバーにら炒め

材 料 （1人分）

豚レバー	70 g	しょうゆ	（小）2/3（12 g）
にら	30 g（1/3束）	みりん	（小）1（18 g）
しょうが	5 g	サラダ油	（小）1（4 g）

[エネルギー 173 kcal，たんぱく質 15.5 g，脂質 6.5 g，食塩相当量 1.8 g，鉄 9.5 mg]

材料

① 豚レバーは塩水で軽く洗ったり，牛乳に30分ほどつけることで，臭みがとれる。

② キッチンペーパーで押さえて，水気を切り，一口大に切る。

③ にらは3～5cmくらいに切る。しょうがは皮をむき，せん切りにする。

④ 熱したフライパンにサラダ油を入れ，せん切りにしたしょうがをよく炒める。

⑤ レバーを加えて炒め，表面が焼けたところに，にらを加え，最後にしょうゆとみりんを入れて，味つけをする。

出来上がり（常食）

● カルシウム，鉄，食物繊維がとれる豆腐ひじきハンバーグ

材料 （1人分―カルシウム強化食のハンバーグを基本に―）

木綿豆腐	40 g	だし汁		25 mL
牛赤身肉	40 g	みりん		⦅大⦆1（9 g）
たまねぎ	30 g	しょうゆ（減塩）		⦅小⦆1・1/2（4.5 g）
ほしひじき	5 g	片栗粉		⦅小⦆1（1.5 g）
パン粉	5 g	水		⦅大⦆2/3（5 mL）
牛乳	⦅大⦆2/3	だいこんおろし		⦅大⦆1（5 g）
卵	⦅小⦆1	みつば		1本
塩	1 g			
こしょう	適量			
サラダ油	3 g			

出来上がり

［エネルギー292 kcal，たんぱく質13.9 g，脂質17.0 g，
食塩相当量2.7 g，カルシウム120 mg，鉄：ステンレス鍋2.3 mg，
鉄鍋4.9 mg，食物繊維4.2 g］

作り方

① 干しひじきは水につけて，戻してから，水切りをする。

② たまねぎは，縦に3mm幅，横にして3mm幅の切り込みを入れて，3mmくらいのみじん切りにする。

③ パン粉に牛乳を加えて，ひたしておく。

④ 水切りした豆腐とひき肉を，塩，こしょうを加えてよく混ぜる。

⑤ 熱したフライパンに半量のサラダ油をひき，たまねぎをがあめ色になるまで，弱火で炒めて，冷ましておく。

⑥ ④に，⑤の冷ましたたまねぎ，①のひじき，卵を加えて混ぜる。

⑦ 1個分を取って，空気を抜き，平らなだ円形を作る。

⑧ 熱したフライパンに残りのサラダ油をひいて，片面ずつ焼き，竹串で加熱状態を確認する。

⑨ 鍋にだし汁としょうゆ，みりんを加えて，沸騰させる。片栗粉に倍量の水を加えて溶き，鍋に入れとろみがつくまで煮込む。ハンバーグにかける。

⑩ 最後に，だいこんおろしと，一口大に切って湯がいたみつばを彩りよくのせる。

17 行事食・郷土食の献立

1. 利用者にとって行事食・郷土食とは

　日本には，四季折々の年中行事がある。年中行事はもともと，「神様を呼び，ご馳走を捧げる日」で，「ハレの日」とも呼ばれ，食卓にご馳走が並ぶ日であった。また，行事が行われる季節の変わり目は体調を崩しやすいため，ご馳走をいただくことで，体に栄養と休息を与える意味合いもあり，健康を維持するための知恵であったともいわれている。

　今日では，西洋の文化も導入され，1年を通じてさまざまな行事が行われている。高齢者・障害者施設の生活の中で，季節を感じながら楽しく行事をとり行うことは，充実した生活を送るうえでの重要な要素となっている。

表17－1　1年間の主な行事と行事食・郷土食

	行　事	献　立		行　事	献　立
1月	正月	雑煮・おせち料理	7月	七夕	七夕そうめん
2月	節分・立春	恵方巻き	8月	終戦記念日	すいとん
3月	桃の節句・彼岸	ちらしずし・ぼたもち	9月	敬老の日・彼岸	すし・おはぎ
4月	花見	花見弁当	10月	月見	月見団子
5月	端午の節句	柏もち・ちまき	11月	七五三	千歳飴
6月	夏至	あなごご飯	12月	冬至・クリスマス・大晦日	かぼちゃ料理・クリスマスケーキ・年越しそば

　郷土食は，その地域特有の産物を地域独自の調理方法などによって作られる。正月に食べる雑煮のように，全国にありながらその形態が地域によって異なる料理もある。雑煮は調理法をはじめとし，食材・味つけなど，地域によってさまざまな違いがあり，利用者が郷土や昔の行事をなつかしく思い出すことができる。

表17－2　雑煮の地域別にみる主な特色

地域	もちの種類	汁の調味	もちの調理	具　材
関東	四角い切りもち	しょうゆ	焼く	一　般：だいこん・にんじん・長ねぎ 地域別：山菜・きのこ（東北），さけ・イクラ（新潟），のり（千葉），はまぐり（島根），かき（広島），かまぼこ（富山）など
関西	丸もち	白みそなど	煮る	

2．行事食と生活習慣病・摂食機能障害

　行事食は，日常の食事と違って，多くの人が集い楽しみながら会食をするために献立が考えられている。一汁三菜，一汁二菜を基本とする通常の献立に比べて，料理の種類も多く，豊富な食材がさまざまな調理法で出される。

　このため，高血圧症や糖尿病などの生活習慣病を患っていたり，加齢や障害などによって摂食機能に問題がある場合，食材の選び方や切り方，調理方法，料理の分量，盛りつけなどについて，個々の身体状況に応じた配慮が必要となる。一方，行事食は，心身の状態に不自由がある利用者にとって，生活に楽しさや豊かさをもたらし，QOL の向上につながるという意義がある。このため，献立作成や買い物，調理などの活動に参加する機会を積極的につくることは，生活のはりや生きがいとなる場合もあり，大切にしたい活動である。

　1年の中で，12月から1月にかけては，忘年会やクリスマス会，年越し，正月，七草，鏡開き，小正月など，さまざまな行事が目白押しであり，行事に合った料理が各地域や家庭で創造され，行事食や郷土食として，長い間受け継がれてきている。

　おせち料理は，「正月に女性が働かなくてもよいように」と日持ちがするように，塩味や甘味などが濃く味つけされた料理が多かったり，縁起がよいからと，かずのこやイクラなどコレステロール量の多い魚卵が多く使われている。このため，食塩制限やコレステロールが増加する食品の制限，エネルギー制限がある利用者の場合は，食材や調理法を考えたり，適量を食べるよう盛りつけを工夫する必要がある。

〈コレステロール減〉

・他の利用者と同じものを食べたいという思いを大切にする。例えば，かずのこはかつお節とだししょうゆで和えて，だいこんおろし，きゅうりなどの上に少量を盛りつけるなど，少量でも，盛りつけなどを工夫して提供することで，満足感があるよう工夫する。

・一度に食べすぎないよう，栄養バランスを考えてさまざまな種類の料理を食べてもらえるように，盛りつけや配膳などを工夫する。

〈減塩〉

・食卓で塩やしょうゆなどを使わないよう，調理の段階で味つけをする。

・調理の段階では，減塩調味料を利用する。ただし腎臓の状態により医師に相談する。煮物では，表面に味をつけるなど，調味料が少なくてもしっかりと味をつける方法を用いる。

〈エネルギー制限〉

・エネルギーの高い食材やエネルギーが高くなる調理法は，利用者のエネルギー摂取基準を参考に工夫する。エネルギーが高い料理は，食材の組合せ（例：鶏もも肉→鶏ささみ）や，小鉢に分けて盛りつけるなどの工夫をすることで，満足感が得られるよう配慮する。

〈摂食機能障害〉

・もちやかまぼこなど，咀嚼や嚥下しにくく，のどにつまりやすい食材も多く使われている。疾病や咀嚼・嚥下困難によりこれらの食材が食べられない利用者には，個々の身体状況を考えたうえで，行事食の楽しみを味わってもらえるよう，さまざまな調理の工夫が必要となる。
　例：もち米のもち⇒いももち（つぶしたじゃがいもに片栗粉と水を混ぜ茹でる），次頁参照。

3．四季の行事食

（1）　正月料理

> **献　立**
>
> 主食・主菜　**雑煮**
> 副菜　**くりきんとん，だて巻，**
> 　　　　**煮しめ，結びかまぼこ**

常食　　　　　　　　　軟菜食

1）　栄養価（常食）

エネルギー	たんぱく質	脂　質	食塩相当量
762 kcal	36.3 g	10.1 g	4.3 g

2）　材料と作り方

● **雑煮** (正月料理—主食・主菜)

材　料 （1人分）

> 常　食：切りもち　50 g（1個），鶏肉　30 g
> 軟菜食：いももち（じゃがいも　40 g，片栗粉　30 g，水　大2）
> 　　　　鶏団子（鶏ひき肉　30 g，卵白　5 g，パン粉　1 g）
> 共　通：にんじん　10 g，だいこん　30 g，生しいたけ　5 g
> 　　　　きょうな（なければ青菜）　20 g，ゆず　少々，
> 　　　　合わせだし　150 mL，減塩　小1/3，しょうゆ（減塩）　小1/3

[常　食：エネルギー 171 kcal，たんぱく質 10.0 g，脂質 2.2 g，食塩相当量 1.3 g]
[軟菜食：エネルギー 206 kcal，たんぱく質 8.3 g，脂質 4.1 g，食塩相当量 1.3 g]

材料

作り方

① 　水 200 mL とだし昆布，かつお節 5 g で合わせだしを作る。

② 　にんじん，だいこんは短冊切りにして，下茹でしておく。生し
　　いたけはせん切りにする。きょうなは湯がいてから，5 cm の長
　　さに切りそろえる。
　　軟菜食用は歯茎でつぶせるくらいになるまで，煮込む。

③ 　ゆずは皮を薄く剥ぎ，2 cm くらいの松葉型に切っておく。

④ 　鶏ひき肉に卵白とパン粉を混ぜて団子状にし，湯がいておく。

⑤ 　切りもちはもち網やオーブントースターなどで軽く焼いておく。

⑥ 　いももちは，じゃがいもをふかしてマッシュ状にし，水と片栗
　　粉を加えて，耳たぶの固さにまとめ沸騰した湯で下茹でする。

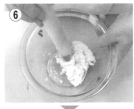

⑦ 　合わせだし汁に鶏肉とにんじん，だいこんを加えて煮込んでか
　　ら下茹でしたきょうなを加える。塩としょうゆで調味する。

⑧ 　雑煮椀にもちをおき，その上から⑦をかけて，彩りよく盛りつけ，松葉ゆずをのせる（か
　　つお節削りを好みでかけるとよい）。

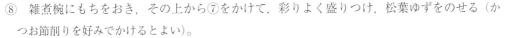

● くりきんとん (正月料理—副菜)

材料 (1人分)

さつまいも(紅あずま) 皮付きで	70 g
くりの甘露煮	15 g (1個)
砂糖	15～20 g
減塩	0.1 g
くちなし	少々
みりん(くりの甘煮汁)	大2 (36 g)

材料

出来上がり
(左：常食，右：ペースト食)

[エネルギー 269 kcal，たんぱく質 1.0 g，脂質 1.4 g，食塩相当量 0.2 g]

作り方

① さつまいもは2～3cmの厚さに切りそろえ，皮を厚めにむき，水につけておく。

② くちなしは縦に半分に切り，ガーゼなどの袋に入れる。

③ 鍋にさつまいもとひたひたの水，くちなしを入れて，茹でる。さつまいもに火が通ったら，ざるに上げて水気を切る。

④ 再び，鍋にさつまいもを戻して弱火にかけ，水分をとばす。すりこ木またはポテトマッシャーでつぶして，ペースト状にする。

⑤ 鍋に砂糖，塩，みりん（くりの煮汁）を入れて火にかける。

⑥ さつまいものペーストを入れて，木べらなどでよく練る。

⑦ 器にこんもりと盛りつけ，くりの甘露煮を飾る。軟食はくりをペースト状にする。

● だて巻 (正月料理—副菜)

材料 (3人分)

白はんぺん	100 g
卵	3 個
砂糖	18 g
みりん	18 mL
だし汁	大2
減塩	0.25 g

材料

出来上がり(常食・軟菜食共通)

[1人分：エネルギー 125 kcal，たんぱく質 9.4 g，脂質 5.4 g，食塩相当量 0.6 g]

作り方

① 材料をミキサーにかける。

② ①を熱したフライパンに流し，蓋（アルミホイルでもよい）をして弱火で蒸しながら焼く。周囲や中心部がやや固くなってきたらゆっくりと裏返して加熱し，竹串で火の通りを確認する。

③ 焼き上がっただて巻は，熱いうちに，鬼すだれ（巻きすでも可）でしっかりと巻く。冷めてかたちになるまで，輪ゴムなどでとめておく。

④ 好みの厚さに切って，盛りつける。

● 煮しめ （正月料理—副菜あるいは主菜）

材料 （1人分）

さといも	30 g（中1個）	こんにゃく	25 g
にんじん	30 g	だし汁	250 mL
ごぼう	20 g	減塩しょうゆ	大1 (18 g)
乾しいたけ	3 g（1枚）	みりん	大1 (18 g)
れんこん	30 g	砂糖	2 g
鶏むね肉	30 g	酒	大1/2 (7 g)

［エネルギー 169 kcal，たんぱく質 12.3 g，脂質 0.8 g，食塩相当量 1.5 g］

材料
（副菜の場合は2人分，主菜
の場合は1人分）

作り方

① さといも，にんじん，ごぼう，れんこんは，水洗いして，皮をむく。

② さといも，にんじん，ごぼうは，一口大の乱切りにして，れんこんは，半月切りにして，水につけてアクをぬく。さといもは，水から下ゆでをして，ぬめりを取る。

③ 乾しいたけは，軽く水洗いをしてからたっぷりの水で戻し，一口大に切る。鶏むね肉は，一口大のそぎ切りにする。こんにゃくは，手綱切りにし，熱湯で軽く下茹でしておく。

④ 鍋に，②・③の材料とだし汁，砂糖，みりん，酒を入れ，落とし蓋をして煮込む。

⑤ 材料に火が通ってきたら，しょうゆを加えて，味をなじませる。

⑥ 各素材を，荒きざみ食は1 cm大に，極きざみ食は3 mm大に，ペースト食はだし汁を加えて，ハンドミキサーですりつぶす。彩りよく，盛りつける。

調理形態別の材料（副菜の量）
（左上：常食，右上：荒きざ
み食，左下：極きざみ食，右下：
ペースト食）

● 結びかまぼこ （正月料理—副菜）

［蒸しかまぼこ（30 g）：エネルギー 28.0 kcal，たんぱく質 3.6 g，脂質 0.3 g，食塩相当量 0.8 g］

作り方

① かまぼこは厚さ5 mmくらいに切って，右図のように包丁で3か所切り目を入れる。

② ⓒの切り目にⒶとⒷをさし込む。

＊軟菜食には，白はんぺんを使う。切り方は同じ。

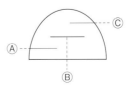

（2） ひな祭りの献立

<table>
<tr><td colspan="2">献　立</td></tr>
<tr><td>主食・主菜</td><td>ちらしずし</td></tr>
<tr><td>副菜</td><td>こまつなのごま和え</td></tr>
<tr><td>汁物</td><td>はまぐりの潮汁</td></tr>
<tr><td>参考(デザート</td><td>桜もち)</td></tr>
</table>

出来上がり（常食）

出来上がり（軟菜食）

1） 栄養価

エネルギー	たんぱく質	脂　質	食塩相当量
518 kcal	24.7 g	12.1 g	2.4 g

2） 材料と作り方

● ちらしずし （ひな祭りの献立―主食・主菜）

材　料 （1人分）

すし飯		油揚げ	10 g	にんじん	15 g	卵	30 g
米	70 g	乾しいたけ	3 g	だし汁	50 mL	砂糖	㋑ 1/2 (1.5 g)
水	100 mL	だし汁	50 mL	砂糖	㋑ 1/2 (1.5 g)	減塩	0.1 g
昆布	3 g (2.5 cm)	砂糖	4.5 g	減塩	0.1 g	えび	
合わせ酢		みりん	4 mL				30 g (小えび　3匹)
酢	12 g	減塩しょうゆ	7.5 mL				
砂糖	3.5 g						
減塩	0.4 g						

［エネルギー 411 kcal，たんぱく質 18.0 g，脂質 6.2 g，食塩相当量 1.5 g］

作り方

① 米は，炊く30分から2時間前に研ぎ，分量の水につけておいてから炊く。

② 昆布は，かたく絞ったぬれふきんでホコリや細かい砂などをふき，①に加える。

③ 飯は蒸らしすぎず，すし桶またはボウルに移し，合わせ酢を上からまわしかける。さっと混ぜ，味をなじませて，風を送りながら，木じゃくしで切るように混ぜ冷ます。

④ 乾しいたけは，軽く水洗いしてからたっぷりの水で戻して，軸を取り，細く切る。油揚げは，細切りにする。

⑤ だし汁と調味料を入れた中へ④を加えて，汁が少し残る程度に煮る。

⑥ にんじんは，せん切りにし，だし汁，砂糖，塩で煮る。

⑦ 卵は，調味料を加えて混ぜ，薄焼きにして錦糸たまごにする。

⑧ えびは，塩（分量外）を加えた水を沸騰させ，火が通るまで軽く茹でる（2分くらい）。

⑨ すし飯に，しいたけ，油揚げ，にんじんを混ぜて器に盛り，上にその他の具をきれいに飾る。

● こまつなのごま和え <small>（ひな祭りの献立—副菜）</small>

材　料 （1人分）

こまつな（菜の花）	70 g	砂糖	小 1（3 g）
ごま	10 g	減塩しょうゆ	小 1/2（3 g）

［エネルギー 84 kcal，たんぱく質 3.3 g，脂質 5.6 g，食塩相当量 0.2 g］

出来上がり
（左：常食，右：軟菜食）

作り方

① こまつな（菜の花）は根元を特によく洗い，沸騰した湯に塩を少々入れて茹でる。

② 茹で上がったら水にとり，2 ～ 3 cm に切りそろえて水気を絞る。

③ ごまは鍋でから炒りしてから，すり鉢でする。この中に砂糖としょうゆを加えてさらによくすり合わせる。

④ ③に②を加えて和え，器にこんもり盛りつける。

● はまぐりの潮汁 <small>（ひな祭りの献立—汁物）</small>

材　料 （1人分）

はまぐり（1 個殻つき 25 g）	50 g	みつば	3 g
水	170 mL	減塩	0.2 g
昆布	2 g	減塩しょうゆ	小さじ 1/2

［エネルギー 23 kcal，たんぱく質 3.4 g，脂質 0.3 g，食塩相当量 0.7 g］

作り方

① はまぐりはていねいに洗い，十分砂をはかせる。

② みつばは，茹でて茎をしばる。

③ 鍋にはまぐりと分量の水，昆布を入れて火にかけ，煮立つ直前に昆布を取り出してアクを取りながら弱火で煮る。

④ 塩としょうゆで味を調える。

⑤ 椀にはまぐり，みつばを盛って汁を注ぐ。

（3） 七夕の献立

```
┌────── 献　立 ──────┐
```

主食　**七夕そうめん**
　　　薬味：大葉，長ねぎ，しょうが
　　　具：錦糸たまご，にんじんとしいた
　　　　　けの含め煮，きゅうりのせん切
　　　　　り
副菜　**揚げなすと鶏団子の煮物**

出来上がり

1）栄養価

エネルギー	たんぱく質	脂　質	食塩相当量
599 kcal	29.5 g	14.7 g	3.2 g

2）材料と作り方

● 七夕そうめん （七夕の献立―主食）

材料 （1人分）

そうめん（ゆで）	200 g	錦糸たまご		きゅうりのせん切り	
つゆ		卵	1/2 個	きゅうり	30 g
だし汁	45 mL	サラダ油	小 1（2 g）	薬味	
みりん	15 g	にんじんとしいたけの含め煮		大葉	2 枚
しょうゆ	15 g	乾しいたけ	1 枚	長ねぎ	5 g
		にんじん	10 g	しょうが	5 g
		しょうゆ（減塩）	2 g		
		みりん	3 g		
		乾しいたけの戻し汁	30 mL		

［エネルギー 392 kcal，たんぱく質 12.4 g，脂質 5.9 g，食塩相当量 2 g］

作り方

① 鍋に 1 L の水を入れて，沸騰したらそうめんをちらして，入れる。

　再沸騰し，吹きこぼれそうになったら，水 100 mL を加えてしずめる。さらに，沸騰させて茹で上げる。

　ざるにとって，流水でよくそうめんを洗って，あら熱やぬめりを取る。

② 卵は溶いて，薄焼きたまごを焼き，錦糸状に細いせん切りにしておく。

③ 乾しいたけは，戻しておく（戻し方は p.30 参照）。にんじんは洗って皮をむき，せん切りにする。戻した乾しいたけも，細く切る。切ったにんじんとしいたけを調味液で煮ておく。

④ きゅうりはよく洗って，スライサーでせん切りにする。

⑤ 薬味の大葉は細いせん切りに，長ねぎは小口切りにする。しょうがはすりおろす。

⑥ そうめんの上に，②〜④を盛りつける。

● 揚げなすと鶏団子の煮物 (七夕の献立—副菜)

材料 (1人分)

なす	130 g (中1本)	卵白	5 g
鶏むねひき肉	50 g	パン粉	1 g
揚げ油	適量	だし汁	150 mL
えだまめ	10 g	砂糖	小2 (6 g)
（またはピーマン	10 g）	みりん	小1 (6 g)
		しょうゆ（減塩）	小2 (12 g)

［エネルギー 207 kcal, たんぱく質 17.1 g, 脂質 8.8 g, 食塩相当量 1.2 g］

作り方

① なすは，縦半分に切ったものを，横半分に切って4等分にするか，片側に切り込みを入れて，160℃くらいの油で1〜2分揚げる。湯通しをして，油をぬく。

② 鶏むねひき肉は，卵白とパン粉を加えてよく混ぜて，団子に丸める。団子が被るくらいの沸騰した湯で，中心に火が通るまで，湯がいておく。

③ だし汁に，砂糖とみりん，減塩しょうゆを加えて，沸騰させ，茹でたえだまめと①のなす，②の鶏団子を入れて，3分ほど煮込む。

（4） クリスマスの献立　昔ながらのクリスマス料理

出来上がり

```
┌─────── 献　立 ───────┐
│ 主食　ロールパン                        │
│ 　　　（ケーキがあるので，なくてもよい） │
│ 主菜　ローストチキン                    │
│ 副菜　マッシュドポテトのサラダ          │
│ 　　　ブロッコリー・にんじん・しめじのソテー │
│ 汁物　せん切り野菜のコンソメスープ      │
│ 　　　（p.115 参照）                     │
│ 参考（デザート　クリスマスケーキ果物添え）│
└──────────────────────┘
```

1）栄養価（クリスマスケーキ果物添えを除いて）

エネルギー	たんぱく質	脂　質	食塩相当量
488 kcal	19.2 g	24.5 g	2.3 g

2）材料と作り方

● ロールパン （クリスマスの献立—主食）

［1個（30 g）：エネルギー 93 kcal，たんぱく質 3.0 g，脂質 2.7 g，食塩相当量 0.4 g］

● ローストチキン （クリスマスの献立—主菜）

材　料 （1人分）

鶏骨付きもも肉　150 g（1/2本）	こしょう　　　　　　　　適量
塩　　　　　　　　　　　　1 g	サラダ油　　　　　　　　2 mL

［エネルギー 183 kcal，たんぱく質 19.9 g，脂質 10.6 g，食塩相当量 1.0 g］

作り方

① 鶏骨付きもも肉に，骨の関節を外すため包丁を入れた後，塩，こしょうをして，10分ほど味をなじませておく。

② ①にサラダ油をはけでぬり，オーブンなどで加熱する。フライパンの場合は，ホイルに包んで蒸し焼きにし，最後に焦げ目をつける〔軟菜食はもも肉をほぐして，ソースをかけて軟らかくしておく〕。

③ 好みで，グレービーソース（肉汁にしょうゆ小さじ1とおろしにんにく少量を加え加熱して作る）を焼けたもも肉にかける。

● マッシュドポテトのサラダ，ブロッコリー・にんじん・しめじのソテー (クリスマスの献立—副菜)

材料 (1人分)

じゃがいも	50 g (中 1/2 個)	マヨネーズ	15 g
ブロッコリー	30 g	塩	小 1/6 (1 g)
にんじん	20 g	こしょう	適量
ぶなしめじ	10 g	サラダ油	小 1 (4 g)

[エネルギー 191 kcal，たんぱく質 2.5 g，脂質 14.9 g，食塩相当量 1.3 g，食物繊維 7.1 g]

作り方

① じゃがいもは皮をむいて乱切りに，ブロッコリーは房で分け，にんじんは拍子木切りにする。しめじは根元を切り落とし，洗っておく。

② 鍋にじゃがいもとにんじん，ひたるくらいの水を入れて加熱する。ブロッコリーは沸騰した湯に入れて，加熱する。

③ 火が通ったじゃがいもは，温かいうちにしゃもじなどでよくすりつぶし，冷ましてからマヨネーズや塩，こしょうで味を調える。にんじんは，ざるに上げ水気を切っておく。

④ フライパンを熱し，サラダ油を加えて，にんじん，ブロッコリー，しめじを炒める。火が通ったら，塩，こしょうで味を調える。

● せん切り野菜のコンソメスープ (クリスマスの献立—汁物)

[エネルギー 21 kcal，たんぱく質 0.5 g，脂質 0.1 g，食塩相当量 0.9 g，食物繊維 1.3 g]

材料と作り方は，16 章（p.115）を参照。

● クリスマスケーキ果物添え (クリスマスの献立—デザート)

材料

いちご	大 1 粒 (10 g)	パイナップル (生または缶詰)	10 g
メロン	10 g	生クリームのロールケーキ	
キウイフルーツ	10 g		小 1 個 (120 g)

[エネルギー 224 kcal，たんぱく質 3.8 g，脂質 16 g，食塩相当量 0.2 g]

作り方

① いちごを中心に，メロンやキウイ，パイナップルなど，色とりどりの果物を一口大に切る。

② 市販のロールケーキに，①をクリスマスの飾りとともに，盛りつける（市販のスポンジに，果物や生クリームでトッピングするのもよい）。

＊果物を添えて低エネルギー，ビタミン豊富にする。

18 | レクリエーション活動とおやつ作り

人間は，毎日の生活の中で衣食住の基本的な生活を保障されるだけではなく，その中に楽しみもなければならない。高齢者施設では，四季折々の行事とともに，調理のレクリエーションを取り入れているところも多い。1章2にあるように，調理におけるレクリエーションは「生きる喜びの追求」から「生きる力」を「再創造」する役割がある。調理活動を通して生きる喜びを感じられるよう，支援計画を立てていくことが重要となる。

1．計画と実施

計画は，第1章1にあるように，利用者の心身状況などの基本的な情報，日々の状況変化，調理活動を行う環境などに配慮しなければならない。表18－1に，春のおやつ「どら焼き」をテーマにした調理活動の支援計画の一例を示す。計画策定の手順は次のとおりである。

① 施設の行事予定などに合わせて，おやつレクリエーションの計画を立てる（表18－1）。
② 計画書をもとに，担当する職員で実施内容や方法などを検討する。
③ 調理器具の確認を行い，材料を注文する。
④ 当日は，計画書に基づき，役割分担や流れを確認したうえで，レクリエーションを進める。
⑤ 実施後は報告書を作成し，課題などを次回につなげる。

2．四季のおやつ

ここでは，それぞれの季節で1つずつ，おやつを紹介する。いずれも，「作り方」に☆がついているものは，利用者とともにできる部分である。利用者の現存機能を，考慮しながら支援を行っていく。

春のおやつ・どら焼き

夏のおやつ・水ようかん

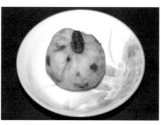

秋のおやつ・茶巾

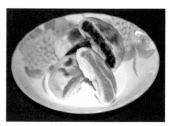

冬のおやつ・おやき

表18-1 レクリエーション実施計画書

日　時		4月6日（火）　14：00〜16：00
場　所		○○デイサービス　ホール
担当者	責任者	K
	担当者	デイサービス職員　M, Y, S, T
対 象 者		デイサービス利用者　19名，レク担当者　5名
内　容	タイトル	お花見のお菓子作り
	目　的	お花見のお菓子を作って楽しみ，季節を感じる。コミュニケーションを図る

材　料	（24個分）〈6人×4班〉 ※薄力粉　　　　90g×4 ※ベーキングパウダー　　小さじ1×4 ・卵　　　　　1個×4　　　　　・牛乳　　　　大さじ1×4 ・砂糖　　　　大さじ4×4　　　・こしあん　　120g×4 ・はちみつ　　小さじ2×4　　　・サラダ油　　小さじ2×4 ・みりん　　　大さじ2×4

用　具	・材料配付用容器　　適宜　　　　・玉じゃくし　　　　4個 ・ボウル中　　　　　8個　　　　・フライ返し　　　　4個 ・計量スプーン大　　1個　　　　・ホットプレート　　4台 ・計量スプーン小　　1個　　　　・ラップ　　　　　　1個 ・ふるい　　　　　　4個　　　　・キッチンペーパー　1個 ・泡だて器　　　　　4個　　　　・皿　　　　　　　　24枚 ・ゴムべら　または　木べら　　4個

作業計画	ご　利　用　者	介護職員（配慮事項）
	（介護職員とともに行う） 3. 薄力粉とベーキングパウダーを合わせてふるう 4. ボウルに卵・砂糖・はちみつ・みりんを入れて，白っぽくなるまで泡立てる 5. 3.の粉を入れてへらで混ぜる。硬かったら牛乳を加えてトロトロにする 10. ホットプレートに生地を流す（直径5cm程度） 11. 表面がプツプツしてきたらフライ返しで裏返す 12. 焼き上がったら皿に取る（1人分2枚） 13. あら熱が取れたらあんをはさむ	1. 座席を決める（1グループ6名。精神状態・体調や障害の有無，人間関係を考慮する） 2. 材料・調理器具を配付する（あんを6等分にしておく） 6. ラップをして30分置く 7. 待ち時間にコミュニケーション，水分補給などを行う 8. ホットプレートの準備（やけどをしないように注意） 9. ホットプレートに油をひく。余分な油はキッチンペーパーでふく 14. お茶を配る
評　価		

● 春のおやつ・どら焼き

材料（直径 4 ～ 5 cm のもの 6 個分）

※薄力粉	90 g	みりん	大2
※ベーキングパウダー	小1	牛乳	大1 ～ 2
卵	1 個	こしあん	120 g
砂糖	大4	サラダ油	適量
はちみつ	小2		

[エネルギー 172 kcal，たんぱく質 3.3 g，脂質 1.9 g，食塩相当量 0.2 g]

材料

作り方（表 18 － 1 参照）

① ☆ボウルに卵をほぐし，砂糖，はちみつ，みりんを加えて白っぽくなるまで混ぜる。

② ☆薄力粉，ベーキングパウダーを合わせてふるい，ゴムべらで切るように混ぜる。牛乳を加え，生地をへらから落としたときに一瞬だけ跡が残る程度の硬さにする。

③ ラップをかけて約 30 分間休ませる。

④ ホットプレートを 200℃に設定し，サラダ油を全体になじませる。余計な油をキッチンペーパーでふき取る。

⑤ ☆②の生地を丸く流し込む（直径 5 cm 程度）。生地は，全部で 12 枚焼く。

⑥ ☆表面にブツブツ穴があいてきたら，裏返して焼く。

⑦ ☆あら熱がとれたら，あんをはさむ。

＊準備や作業の負担を軽減する場合は，材料の※はホットケーキミックスで代用できる。

＊こしあんの代わりに，かぼちゃあん，ジャムなどをはさんでもおいしい。

＊ホットプレートは，車椅子利用者の動線を考慮したコードの配置など，安全性にも配慮する。

● 夏のおやつ・水ようかん

材料（プリン型 5 個分）

粉寒天	2 g	水	270 mL
こしあん	130 g	砂糖	25 g

[1 個：エネルギー 86 kcal，たんぱく質 1.3 g，脂質 0 g，食塩相当量 0 g]

材料

作り方

① 粉寒天を分量の水とともに鍋に入れ，火にかけ，沸騰させてよくかき混ぜて完全に煮溶かす。これに砂糖を加え，完全に溶かす。

② ☆①にこしあんを加え，よく混ぜて溶かす。溶けたら 2 ～ 3 分沸騰させる。

③ ☆②を鍋ごと水につけて，混ぜながら熱を取る。少しとろみがついたら，濡らした型に流し込む。

④ ラップをかけて冷蔵庫で冷やす。

⑤ ☆完全に固まったら，カップの周囲に竹串を刺し込んですき間を作り，皿などにあけて盛りつける。

● 秋のおやつ・茶巾

材料 （4個分）

さつまいも	200 g	砂糖	⑨2（18 g）
（またはかぼちゃ）		バター	15 g
レーズン	⑨2	牛乳	適量（硬さをみながら）

[1個（さつまいも）：エネルギー 124 kcal, たんぱく質 0.6 g, 脂質 2.9 g, 食塩相当量 0.1 g]
[1個（かぼちゃ）：エネルギー 100 kcal, たんぱく質 0.6 g, 脂質 2.9 g, 食塩相当量 0.1 g]

材料

作り方

① さつまいも（かぼちゃ）は，竹串がすっと通るまで茹で，熱いうちに皮をむく。

② ☆熱いうちにつぶし，可能なら裏漉しをする（冷めると裏漉ししにくくなる）。裏漉しした熱いさつまいも（かぼちゃ）に，バターと砂糖を入れ，混ぜ合わせる。冷めてしまい，バターが溶けなかったら，ラップをして電子レンジに 30 秒〜1 分程度かける。

③ レーズンを水につけて戻し，4粒を残して粗いみじん切りにする。

④ ☆③を②に混ぜる。さつまいも（かぼちゃ）がぼそぼそしてまとまりにくい場合は，牛乳を少し加えて硬さを調節する（団子状にできる硬さがよい）。

⑤ ☆④のあら熱が取れたら 4 等分し，ラップを広げた上に置く。ラップの四隅を持ち上げ，丸く成形し，さつまいも（かぼちゃ）の上部でギュッと絞り，茶巾にする。

⑥ ☆ラップを外し，上に③で残しておいたレーズンを飾りとして置く。

〈参考〉 甘いものが苦手な人には，おかず風の茶巾が喜ばれる。

じゃがいも 200 g, みそ ⑪1（またはしょうゆや塩を適量加えてもよい）	
だし汁 ⑪1〜2（硬さをみながら調整）	

にんじん（みじん切り），絹さや（ななめ薄切り），えだまめ・グリンピースなど（咀嚼・嚥下の状態によっては入れない）を茹でたり，電子レンジで加熱したものを加えて彩りとする。水分が多すぎると茶巾がうまくできないので，野菜の水分はしっかりと切ることが重要である。

作り方は，上記の茶巾と同様である。みそは②で，野菜は④で加える。

〈応用〉

・嚥下障害がある場合は，さつまいもは裏漉して，レーズンは加えずに多めに牛乳を加えて生地をゆるくし，茶巾にせずにスプーンですくいやすい皿に盛る。

● 冬のおやつ・おやき

材 料 （15 個分）

強力粉	200 g	塩		ⓢ 1（6 g）
薄力粉	200 g	ぬるま湯	250 ～ 300 mL 程度	
ベーキングパウダー			（硬さにより調整）	
	ⓢ 1・1/2（6 g）	サラダ油		ⓢ 1（4 g）

材料

〈中に入れる具〉
（1）かぼちゃあん（4 個分）
 かぼちゃ　200 g   砂糖 ⓛ 1（9 g）
 しょうゆ　ⓢ 1（6 g） 黒ごま ⓢ 1（2 g）
（2）切干しだいこん
  →「14 章　たんぱく質コントロールの献立」を参照
（3）かぶの葉とじゃこの炒め物
  →「12 章　家庭にある食材を使って」を参照
 ＊その他，ひじき煮，なすみそ炒め，あずきあんなど，常備菜
  を具に使用できる。

［1 個（かぼちゃあん）：エネルギー 146 kcal，たんぱく質 3.2 g，脂質 1.0 g，食塩相当量 0.7 g］

作り方

① ☆ボウルに粉類と塩を入れよく混ぜ，ぬるま湯を少しずつ加えながら，耳たぶくらいの軟らかさにこねる。

② こね終わったらラップで包み，冷蔵庫で 30 分休ませる。

③ ☆生地を 15 等分にし，麺棒で円形に伸ばす（餃子の皮よりも大きめに）。

④ ☆具を生地の中心にのせ，包む。包んだときに生地が破れないよう，少なめに具をのせる。また，生地を集めた部分が厚くなりすぎないようにする。

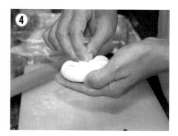

⑤ ☆ホットプレートを 200℃ に設定し，サラダ油を熱し，余分な油はキッチンペーパーでふき取る。

⑥ ☆両面に焼き目がつくまで 2 ～ 3 分焼く。

⑦ 焼き目をつけたおやきを蒸し器に入れ，10 分間蒸す。蒸し器がない場合は，50 mL の水をホットプレートに入れて，蓋をして弱火にして水がなくなったら，蓋を取りパリッとなるまで加熱する。

●文　献

Ⅰ．調理支援のための基礎知識

【引用文献】

1）細田多穂，柳澤健編：『理学療法ハンドブック 改訂第4版　第1巻 理学療法の基礎と評価』，協同医書出版，p.258（2010）
2）高橋栄子：「食生活への支援—調理・その意義と活動—」，OTジャーナル，41（7），pp.550-554（2007）
3）メアリー・E.リッチモンド（小松源助監訳）：『ソーシャル・ケースワークとは何か』，中央法規出版，p.57（1991）

【参考文献】

・坂野公信ほか編著：『やさしいレクリエーション実践　～楽しいをつくる～』，日本レクリエーション協会（2002）
・日本レクリエーション協会調査広報室：『レクリエーション指導の理論』，日本レクリエーション協会（1985）
・日本レクリエーション協会教育センター編：『レクリエーション概論』，日本レクリエーション協会（1990）
・高橋和敏ほか：『レクリエーション概論』，不昧堂出版（1987）
・一番ヶ瀬康子編著：『福祉文化論』，有斐閣ブックス（1999）
・園田碩哉ほか編著：『福祉レクリエーション総論』，中央法規出版（2002）
・園田碩哉ほか編著：『福祉レクリエーション援助の方法』，中央法規出版（2002）
・園田碩哉ほか編著：『福祉レクリエーション援助の実際』，中央法規出版（2002）
・川村佐和子・後藤真澄・中川英子ほか編著：『生活支援技術Ⅳ』（介護福祉士養成テキスト），建帛社（2009）
・研究代表者 横山友里：「新興・再興感染症発生時に備えた配食サービスの強靭化に向けた研究」（厚生労働行政推進調査事業費補助金厚生労働科学特別研究事業），（2021）
・馬場保子・岡野茉那・山下久美子：「配食サービスを利用する地域在住高齢者の食生活に関する研究」，厚生の指標，第66巻第4号，（2019）

Ⅱ．家庭生活と調理支援

【引用文献】

1）石毛直道監修，吉田集而責任編集：『講座 食の文化　第1巻 人類の食文化』，(財)味の素食の文化センター，pp.32-33（2007）

【参考文献】

・高齢者生活支援研究会編：『これからの配食サービス—高齢者の食を地域で支える—』，かもがわ出版（2004）
・平野和子・小西治子：『小地域ネットワーク活動　配食サービス』，エルピス社（2003）

Ⅲ．調理支援

【引用文献】

1）農林水産省・環境省：「日本の食品ロスの状況（令和2年度）」，（2022）
　農林水産省：「令和元年度 食料需給表（確定値）」，（2020）
　総務省：「人口推計」，（2020）

【参考文献】

・香川明夫監修：『八訂 食品成分表2022』，女子栄養大学出版部（2022）
・実教出版部：『オールガイド食品成分表』，実教出版（2022）
・日本糖尿病学会編・著：『糖尿病食事療法のための食品交換表第7版』，日本糖尿病協会・文光堂（2013）

索　引

あ行

ICF	5
アク	32,34
油抜き	32
安全への配慮	18
炒める	84
旨み	105
うま味	105
栄養アセスメント	40
栄養ケア・マネジメント	39
エネルギーコントロール	91
嚥下	48
嚥下障害	47
嚥下食	57,63,69,75
塩分コントロール食	105
おやつ	128

か行

介護食	46
介護福祉士	77
買い物	44
家計	10
下肢麻痺	81
可処分所得	10
片麻痺	81
家庭生活	10
家庭にある食材	85
家庭の味	12
家庭料理	71
加熱操作	29
カリウム	105
カルシウム	111
缶詰	89
乾物の戻し方	30
きざみ食	49,57,63,68,75
QOL	77
行事食	117
共食	12
郷土食	117
切り方	31
切る	19
クリスマスの献立	126
車椅子	81
クロックポジション	80
形態別調理	53
形態別調理の基本例	51
高齢期の食事摂取基準	22
高齢者が好む料理	58,64,69
高齢者世帯の家計	10
高齢者の疾病	90
高齢者の保健指導	97
国際生活機能分類	5
骨粗鬆症	111
固定する	19
ごみ処理	38
コレステロール	110
献立作成	22

献立の基本	23

さ行

3R運動	38
三角巾	15
視覚障害	81
脂質異常症	110
脂質の調整	110
自助具	19,78
下茹で	32
脂肪酸	110
社会福祉援助技術	7
重量目安量	23
主菜	23
主食	23
正月料理	119
常食	49
消費支出	10
食塩	105
食材の計量	34
食材の下処理	32
食材の選択	24
食事摂取基準	22
食事作りの援助過程	43
食事バランスガイド	52
食生活支援	39
食生活指針	85
食品交換表	92
食品の保存	25
食物繊維	111
腎疾患	98,100
生活機能	7
生活習慣病	90,105,110
生活の質	77
生鮮食品の選び方	24
摂食機能障害	118
ゼリー食	50
繊維製品	16
洗剤	37
咀嚼・嚥下の障害	46

た行

高さ・収納への配慮	17
だしのとり方	33
七夕の献立	124
たんぱく質	99
たんぱく質コントロール食	99
調味料	35,59,105
調理活動	2
調理活動の支援の進め方	81
調理活動の支援	77
調理器具	28
調理空間	16
調理の支援	2
調理の準備	27
低栄養状態	39,91
適正エネルギー量	91
鉄	111

電子レンジによる茹で時間	68
動作分析	6
動線	17,78
糖尿病	91,93
とろみ調整食品	48

な行

軟菜食	51,57,63,68
煮物料理の基本	59
ニュークックチルシステム	40
認知症	79
ぬめり	32
粘度	69

は行

配食サービス	13
配膳	35
8020運動	47
バランスの良い献立	93
BMI	43
非加熱操作	29
ひな祭りの献立	122
肥満	91
貧血症	111
不可欠（必須）アミノ酸	98
副菜	23
福祉住環境整備	17
不飽和脂肪酸	110
ペースト食	50
片麻痺	79
飽和脂肪酸	110

ま行

ミキサー食	50
身支度	15,26
無機質の調整	111
むく	19
メニューの選定	84
目安量	52
盛りつけ	35
盛りつけ演出	4

や行

野菜類の洗い方	30
茹で方	34
ユニバーサルデザイン	19
湯むき	32
予算	10

ら・わ行

リサイクル	38
リハビリテーション	5
レクリエーション	3
レクリエーション活動	128
レクリエーション実施計画書	129
和風だし	33

●食材等

あ・か行

揚げなすと鶏団子の煮物	125
アスパラガス	66
合わせだし	33
温野菜	112
かぼちゃ	60
かまぼこ	121
粥	57
カレールウ	71
缶詰	89
寒天	49
かんぴょう	30
牛乳	72
きゅうり	67,71,74
切干しだいこん	30
切りもち	119
きんめだい	60,61
高野豆腐	30
ごま	66
米	53,55
こんにゃく	66

さ行

さけ	53,56,108
さといも	60
さば	60,64
塩ざけ	56
じゃがいも	71,84
しょうが	61
食パン	115
しらす干し	66
しらたき	66
ゼラチン	50,64
そうめん	124

た行

だいこん	54,56,88
だいこんおろし	56
卵	54,56
たまねぎ	65,84
豆腐	109
トマト	71,74
鶏肉	65

な行

長ねぎ	72
煮干しだし	33
乳製品	72
にんじん	84,89

は行

パテ	75

はるさめ	74
ひき肉	113
ひじき	30
麩	65,68
ブールマニエ	73
ぶり	54,58
ほうれんそう	54,55,68
乾しいたけ	30

ま〜わ行

みそ	54
もち	117
りんご	60,63
ロールパン	126
わかめ	30,60

●料理

あ行

揚げだし豆腐	109
杏仁豆腐	107
う巻き風	89
おやき	132
親子丼	67
おろし煮	89

か行

かきたまスープ	76
かきたま中華スープ	108
かつお節のふりかけ	88
かぶの葉とじゃこの炒めもの	86
かぶのミルク煮	97
カレーライス	73
きゅうりとわかめの酢の物	67
切干しだいこんの煮物	104
巾着煮	87
きんめだいの煮付け	61
具だくさんのみそ汁	57
クリームシチュー	76
グリーンサラダ	115
くりきんとん	120
クリスマスケーキ果物添え	127
削り節のふりかけ	88
こまつなのごま和え	123

さ行

さけのオーブン焼き	96
さけのカレームニエル	108
さばのみそ煮	64
三色丼	69
塩ざけの焼き物	56
白和え	70
せん切り野菜のコンソメスープ	115
雑煮	119

た行

だいこんのみそ汁	81
炊き込みご飯	70
だて巻	120
七夕そうめん	124
たまご焼き	56
たらと野菜の天ぷら	103
茶巾	131
茶碗蒸し	58
ちらしずし	122
豆腐とわかめのみそ汁	62
豆腐ひじきハンバーグ	116
トマトゼリー	75
トマトときゅうりのサラダ	74
トマト煮	76
どら焼き	130

な行

軟飯	61
肉じゃが	51,82,84
煮しめ	121
にんじんとだいこんのきんぴら	88
のりの佃煮	87

は行

はくさいの甘酢漬	104
八宝菜	106
はまぐりの潮汁	123
はるさめスープ	74
ハンバーグステーキ	113
ハンバーグステーキの付け合せ	114
麩と青菜の澄まし汁	68
ぶりの鍋照り焼き	58
ブロッコリーとカリフラワーサラダのオーロラソースかけ	109
ブロッコリー・にんじん・しめじのソテー	127
米飯	55
ほうれん草のおひたし	55

ま〜わ行

マッシュドポテトのサラダ	127
水ようかん	130
結びかまぼこ	121
野菜の炊き合わせ	62
りんごのシロップ煮	63
レバーにら炒め	115
ローストチキン	126
わかめのゼリー	64

〔編著者〕　　　　　　　　　　　　　　　　　　　　　　　　　（執筆分担）

田﨑　裕美（たざき　ひろみ）　　静岡福祉大学社会福祉学部教授　　4章1，5（8），6章，11章，15〜17章，
　　　　　　　　　　　　　　　　　　　　　　　　　　　　　　　コラム（6章）

百田　裕子（ももた　ひろこ）　　宇都宮短期大学食物栄養学科教授　　3章1，4章2〜4，5（1）・（3）〜（10），6，7，
　　　　　　　　　　　　　　　　　　　　　　　　　　　　　　　7〜10章

〔著　者〕（五十音順）

上杉　智祥（うえすぎ　ともよし）　静岡市保健福祉長寿局健康福祉部　　11章
　　　　　　　　　　　　　　　　地域リハビリテーション推進センター

大塚　順子（おおつか　じゅんこ）　東京通信大学人間福祉学部准教授　　3章2，5章2（3）・（4）

奥田　都子（おくだ　みやこ）　　静岡県立大学短期大学部准教授　　2章2

河田　隆（かわた　たかし）　　宇都宮共和大学子ども生活学部教授　　1章2

倉田あゆ子（くらた　あゆこ）　　日本女子大学家政学部講師　　2章3

土橋　典子（どばし　のりこ）　　宇都宮短期大学食物栄養学科講師　　3章3，5章1

中川　英子（なかがわ　ひでこ）　宇都宮短期大学名誉教授　　2章1，5章2（1）・（2）

奈良　環（なら　たまき）　　文京学院大学人間学部准教授　　1章1，コラム（5章：居宅）

古川　和稔（ふるかわ　かずとし）　東洋大学ライフデザイン学部教授　　1章3，コラム（5章：施設）

古川　繁子（ふるかわ　しげこ）　植草学園短期大学名誉教授　　1章4

増田　啓子（ますだ　けいこ）　　常葉大学保育学部教授　　17章

松田　佳奈（まつだ　かな）　　元宇都宮短期大学専任講師　　4章5（1）・（2），12〜14章，18章

水野三千代（みずの　みちよ）　　元関東短期大学非常勤講師　　4章5（1）・（2），12〜14章，18章，コラム（13章）

改訂 生活支援のための調理実習

2010年（平成22年）　4月20日	初版発行〜第2刷
2014年（平成26年）　9月 1日	第2版発行〜第2刷
2020年（令和 2年）11月30日	第3版発行
2023年（令和 5年）　3月30日	改訂版発行

編 著 者　　田　﨑　裕　美
　　　　　　百　田　裕　子

発 行 者　　筑　紫　和　男

発 行 所　　株式会社 建 帛 社
　　　　　　　　　　KENPAKUSHA

〒112-0011 東京都文京区千石4丁目2番15号
TEL（03）3944－2611
FAX（03）3946－4377
https://www.kenpakusha.co.jp/

ISBN 978-4-7679-3395-5　C3036　　　　　　教文堂／田部井手帳
©田﨑裕美・百田裕子ほか, 2010, 2023.　　　　Printed in Japan
（定価はカバーに表示してあります）